Eva Maria Pfeiffer & Marion Menge

GESCHICHTE, ERKENNTNIS, FORTSCHRITT!

Eva Maria Pfeiffer & Marion Menge

Geschichte Erkenntnis Fortschritt!

Über die Seele, Reinkarnation und den Anstieg des Bewusstseins

EchnAton Verlag

Wichtiger Hinweis

Die Inhalte des Buches dienen ausschließlich der neutralen Information und allgemeinen Weiterbildung. Sie stellen keine Diagnose dar und sind kein Ersatz für ärztliche, medizinische, medikamentöse oder therapeutische Behandlung. Die dargestellten Inhalte erheben weder einen Anspruch auf Vollständigkeit noch kann die Aktualität, Richtigkeit und Ausgewogenheit der dargebotenen Information garantiert werden. Die im Buch veröffentlichten Empfehlungen wurden vom Verfasser und vom Verlag sorgfältig erarbeitet und geprüft. Eine Garantie kann dennoch nicht übernommen werden. Ebenso ist die Haftung des Verfassers bzw. des Verlages und seiner Beauftragten für Personen-, Sach- und Vermögensschäden ausgeschlossen.

Eva Maria Pfeiffers kausale Quelle ist nicht identisch mit der kausalen Quelle von Varda Hasselmann. Sie bezieht sich auf die Seelenlehre von Varda Hasselmann und Frank Schmolke in einigen Grundbegriffen, hat aber Anliegen, die darüber hinaus gehen. Der Hauptfokus der kausalen Quelle von Eva Maria Pfeiffer liegt auf dem Ansteigen des Bewusstseins und damit verbunden auf ihrer seelisch-geistigen Begleitung der Menschen in die Zukunft.

Bei möglichen unterschiedlichen Schreibweisen wurde die von der Duden-Redaktion empfohlene Schreibvariante verwendet.

1. Auflage August 2024

Gesamtherstellung: Diana Schulz
Lektorat: Ruth Kalmund
Coverfoto: © Adobe Stock
Covererstellung: Diana Schulz
Druck und Bindung: CPI books GmbH, Leck
ISBN: 978-3-96442-064-0

www.echnaton-verlag.de

Für Manuela (†) und Dirk

Inhalt

Vorwort

»Es gibt mehr Ding′ im Himmel und auf Erden, als Eure Schulweisheit sich träumt«, sagt Shakespeares Hamlet zu Horatio in der fünften Szene des ersten Aktes der nach dem intellektuellen Helden benannten Tragödie. »There are more things in Heaven and Earth, Horatio, than are dream't of in your Philosophy«, wie es im hier zitierten Original heißt, um deutlich zu machen, dass Hamlet nicht den ›sky‹ mit Vögeln und Flugzeugen, sondern den Himmel mit dem großen Geist oder einem hohen Herrn meint.

Es fällt heute – viele hundert Jahre nach Hamlet – nicht schwer, einige der Dinge auf Erden auszumachen, von denen die gelehrte Welt damals weder etwas wusste noch wissen konnte – elektromagnetische Felder und Quanten in der Physik etwa, oder Bakterien, Viren und ihre Gene in der Biologie –, wobei die historischen Fortschritte der wissenschaftlichen Erkenntnisse, um die es vorwiegend in dem hier vorliegenden Buch mit dem Tripeltitel geht, einige überraschende Kapriolen mit sich gebracht hat, auf die Georg Christoph Lichtenberg, der berühmte Göttinger Gelehrte des 18. Jahrhunderts, in seinen ›Sudelbüchern‹ (II, 68,1) durch eine spöttische Umkehrung der Hamlet-Äußerung hingewiesen hat. Lichtenberg meinte nämlich, Shakespeares tragischem Prinz erwidern zu können, dass es nicht nur eine Menge Dinge unter Menschen gibt, wovon nichts in ihren Lehrbüchern steht, sondern dass »eine Menge Dinge in unseren Kompendien stehen, wovon weder im Himmel noch auf der Erde etwas vorkommt«. Lichtenberg führt leider keine konkreten Beispiele an, aber als Physiker könnte er so etwas wie die Massenpunkte gemeint haben, für die Isaac Newton seine Bewegungsgleichungen aufstellen konnte und mit denen man ebenso gut Wissenschaft treiben konnte wie mit dem Feuerstoff Phlogiston, der angeblich beim Verbrennen frei wird, auch wenn es sowohl ihn als auch Newtons Punkte in Wirklichkeit gar nicht gibt.

Im 20. Jahrhundert kann man sich dem Leben einer biologischen Zelle zuwenden und feststellen, dass sich in einem organischen Körper nicht die elegante Struktur der Doppelhelix findet, die in den Kompendien immer so schön als elegante, nackte Struktur gezeigt wird, obwohl sie im dichten Inneren eines Organismus von anderen Molekülen umwimmelt sein muss, die an der Erbsubstanz zerren und sie ununterbrochen verdrehen, verbiegen und bearbeiten müssen.

Die Doppelhelix als Struktur des Erbmaterials, mit der populären Abkürzung DNA, bietet daneben die Möglichkeit, auf die Tatsache aufmerksam zu machen, dass wissenschaftliche Einsichten sich oftmals weniger dem fleißigen Sammeln von Daten und mehr dem mutigen Entwerfen von neuen Ideen verdanken. So wie Newton sich die Massenpunkte frei vorzustellen hatte, mussten James Watson und Francis Crick sich die Doppelhelix ausdenken, um in ihren jeweiligen Disziplinen die Fortschritte machen zu können, die dem umfassenden Ziel dienten, »das Wissen der Menschen zu vergrößern, um sie damit bei ihrer Lebensbewältigung zu unterstützen.«

Die letzten Worte stehen in der *Einleitung von Eva Maria Pfeiffer*, die dem Haupttext des vorliegenden Buches vorangestellt ist, wobei dieses Zitat mit der Ansicht übereinstimmt, die Bertolt Brecht in seinem Theaterstück *Leben des Galilei* dem Helden in den Mund legt, wenn der italienische Physiker des 17. Jahrhunderts der Kirche eine Nase zeigt und verkündet, »Ich halte dafür, dass das einzige Ziel der Wissenschaft darin besteht, die Bedingungen der menschlichen Existenz zu erleichtern.« Damit stellt sich die Frage, wie tätige Menschen vorgehen und in welche Richtung sie sich und ihre Gesellschaft bewegen müssen, um das anvisierte und ambitionierte Vorhaben umzusetzen und zu dem gewünschten Abschluss zu bringen.

In der traditionellen Darstellung der wissenschaftlichen Entwicklung weisen westliche Philosophen – immer schon mehr Männer als Frauen – gerne auf eine Logik der Forschung hin oder erläutern die Notwendigkeit einer kritisch rationalen Grundhaltung, auch wenn die damit erzielten unübersehbaren Erfolge im Laufe der Geschichte oft als rätselhaft, übermenschlich und göttlich empfunden worden sind und die religiöse Atmosphäre gestreift oder berührt haben. Es ist gelegentlich darauf hingewiesen worden, dass das abendländische Vorgehen nicht die mystisch irrationale Dimension aus den Augen verlieren sollte, die dem Geist offensteht und weniger auf wissenschaftliches Erkennen aus ist, sondern mehr nach einem erlösenden Einheitserlebnis sucht. »In der Seele des Menschen werden immer beide Haltungen wohnen, und die eine wird stets die andere als Keim ihres Gegenteils schon in sich tragen«, wie der große Physiker und Nobelpreisträger Wolfgang Pauli 1956 in einem wenig bekannten Vortrag über »Die Wissenschaft und das abendländische Denken« ausgeführt hat, um der Anleihe an Yin und Yang hinzuzufügen: »Ich glaube, als Abendländer müssen wir uns diesem Prozess anvertrauen und das Gegensatzpaar als komplementär anerkennen«. Es gilt zu beachten, dass mit der dadurch bestehenden Spannung der Gegensätze jeder Weg zur Erkenntnis von Faktoren abhängig wird, die sich der menschlichen Kontrolle entziehen und die in der Sphäre der Religion als Gnade bezeichnet und akzeptiert werden.

Dass sich im Erkennen längst etwas der humanen Steuerung entzogen hat, zeigt sich daran, dass das rationale Vorgehen der europäischen Wissenschaft in nicht direkt wahrnehmbare Bereiche geführt hat, die nur noch durch Symbole zu erfassen sind, zum Beispiel die Atome mit ihren Magnetfeldern, die Gene mit ihren Kontrollkapazitäten und das Unbewusste mit seinen Ausstrahlungen. Als Folge davon hat die westliche Rationalität an Überzeugungskraft eingebüßt und bei Menschen erneut Interesse am mystischen Denken aufkommen lassen.

Der erwähnte Pauli, der als Professor in Zürich in engen Kontakt mit C.G. Jung kommen konnte, hoffte am Ende seines Lebens darauf, dass es zu einer Überwindung der genannten Gegensätze und zu einer »sowohl das rationale Verstehen wie das mystische Einheitserlebnis umfassenden Synthese« kommen kann und wird, und ich möchte hier meinen Eindruck wiedergeben, dass das Werk *Geschichte Erkenntnis Fortschritt!* das mentale Tor der Menschen dafür öffnen kann. Vielleicht werden sich die Erdbewohner und Himmelbeobachter wirklich »noch wundern, welche wissenschaftlichen Erfindungen in den nächsten Jahrzehnten … machbar sein werden«, wie ›Die Quelle‹ am Ende optimistisch prophezeit. Sie kann die Zukunft sicher besser vorhersagen als jedes gegenwärtige Mitglied der Wissenschaftsgemeinde.

Die hier Versammelten sollten vor allem über das Denkbare und das Mögliche staunen. Dann bleibt die Menschheit kreativ, und so werden sich viele Dinge ausfindig machen lassen, von denen die gegenwärtige Gelehrsamkeit nur träumen kann. So lernt man, dass die Welt genau so ist, wie Goethe sie einmal bezeichnet hat, ein »heilig öffentlich Geheimnis«. Der Dichter ermutigte seine Mitmenschen, es ohne Säumnis zu ergreifen. Mit dem Lesen von *Geschichte Erkenntnis Fortschritt!* kann der Anfang gelingen.

Ernst Peter Fischer (Herbst 2023)
Diplomphysiker, Dr. rer. nat.
Professor für Wissenschaftsgeschichte

Intro

Liebe Leserschaft,
wenn Sie dieses Buch in den Händen halten, dann kann das zu einem Abenteuer oder zu einer Herausforderung für Sie werden. Oder auch zu keinem von beiden, weil für Sie Autoren aus dem Jenseits kein Problem sind. Und weil Sie ohnehin kein Problem damit haben, dass wir Menschen eine Seele haben und damit mit dem Kosmos und dem All-Ganzen verbunden sind. Hier schreiben zwei Frauen in Zusammenarbeit mit einer seelischen und einer kosmischen Quelle ein Buch über – in Auszügen – die Entwicklung der Wissenschaften in Verbindung mit der Seele, die mit den seelischen Welten interagiert.

Das Neue und wirklich Bahnbrechende daran ist das Angebot aus den seelischen Welten, mit uns Menschen nun in einer derart bewussten Weise zusammenzuarbeiten, wie es bisher in der Menschheitsgeschichte noch nicht vorgekommen ist. Die seelische Quelle erklärt dies mit der Anhebung des Bewusstseins. Dieser erstaunliche und noch von keiner Wissenschaft bemerkte Vorgang hat nach ihrer Aussage einen solch hohen Grad erreicht, dass es heute vergleichsweise leicht ist für uns Menschen, mit ihr und weiteren kosmischen Wissensquellen in Kontakt zu treten und Unterstützung zu erhalten.

Wir werden wesentlich schneller zu bedeutsamen Fortschritten, beispielsweise in der Energieversorgung und damit der Entlastung der Umwelt von CO2, kommen können, wenn wissenschaftlich geschulte und interessierte Personen sich von den Anregungen der jenseitigen Quellen inspirieren lassen. Davon bin ich fest überzeugt.

Auch bin ich zuversichtlich, dass trotz der schwierigen und teilweise brenzligen Lage, in der die Menschheit sich zurzeit befindet, die Menschen heute viele Möglichkeiten haben, sich aus dieser Lage zu befreien. Sie werden zudem in neue und bessere Lebensbedingungen sowie in ein höheres Bewusstsein vorstoßen können. Die Quellen von Eva Maria Pfeiffer geben dazu gute Anregungen. Wir müssen es ›nur‹ zulassen und Mut haben, diese Anregungen umzusetzen.

Dirk Preuß

Zur Einstimmung

Eva Maria Pfeiffer

Ich habe über Jahrzehnte journalistisch gearbeitet und bin es gewohnt, nach Auftrag zu schreiben. Als Reporterin bei einem Dritte-Welt-Magazin wurde ich zu Beginn meiner Laufbahn nach Afrika und Asien geschickt, um über dortige Projekte und Menschen zu berichten. Später arbeitete ich in der Public Relation, danach in einer Werbeagentur und schließlich im Corporate Publishing eines großen Medienkonzerns.

2022 habe ich mich aus einer Festanstellung verabschiedet und arbeite seither frei. Frei, um mich einer außergewöhnlich interessanten und sehr besonderen Auftraggeberin widmen zu können. Knapp zehn Jahre zuvor hatte ich sie bereits kennengelernt: Sie ist unsichtbar und gab sich als ›kausale Quelle‹ zu erkennen. Eine kausale Quelle ist ein Zusammenschluss von Seelen, eine Seelenfamilie, deren Seelen bereits alle Inkarnationen abgeschlossen haben.[1] Sie spricht von der höchsten seelischen Ebene aus und verfügt über sehr viel Wissen und Einsicht. Nach einer medialen Ausbildung, in die ich eher zufällig hineingeraten war, hatte die jenseitige Quelle begonnen, zu mir zu sprechen. Seither stehen wir im regelmäßigen Austausch.

Die seelische Quelle entpuppte sich im Laufe der Jahre als vertrauenswürdige Lebensberaterin bei Lebensfragen aller Art, was bereits vielen Menschen im Freundes- und Bekanntenkreis zugutegekommen ist. Denn die Quelle hat einen großen Vorteil: Sie kann in vergangene Leben und alles darin

Erlebte hineinblicken, was zu einem besseren Verständnis und zur Lösung aktueller Probleme beiträgt. Sie verfolgt dabei ein großes Ziel: das Wissen der Menschen zu vergrößern und sie damit bei ihrer Lebensbewältigung zu unterstützen.

Im Laufe der Zeit schrieb ich viele Botschaften der kausalen Quelle zu persönlichen sowie gesellschaftlichen Fragen nieder und verschickte sie in einem Newsletter an Interessierte. Irgendwann war es so viel Information, dass es gut in ein Buch gepasst hätte, und meine seelische Auftraggeberin forderte mich auch genau dazu auf: zum Bücherschreiben. Doch das Bücherschreiben hatte ich nicht gelernt, und es fehlte jemand, der mich dabei unterstützen konnte. Dieser Jemand trat vor einigen Jahren in mein Leben – sie heißt Marion Menge.

Ich lernte Marion in einer Gruppe kennen, in der wir uns mit Fragen zur Seele und zur Reinkarnation beschäftigten. Bereits nach dem zweiten Treffen fragte ich sie, ob sie mir bei meinem Schreibauftrag helfen wolle. »Nichts lieber als das«, antwortete sie spontan zu meinem und auch zu ihrem eigenen großen Erstaunen. Unser Erstaunen wurde noch größer, als wir feststellten, dass wir uns viel früher, als 20-Jährige, bei einer studentischen Theateraufführung schon einmal begegnet waren. Richtig verblüfft waren wir jedoch, als uns die seelische Quelle am Beginn unserer Zusammenarbeit erzählte, wir hätten bereits mehrere Leben miteinander verbracht. Das hat uns beide tief berührt.

Und so stürzten wir uns mit großer Begeisterung in das Abenteuer ›Buch‹. Zur gleichen Zeit stellte sich heraus, dass das Potenzial meiner Quelle noch weiter reicht. Sie äußerte sich zu seelischen Hintergründen im Wissenschaftsbetrieb sowie zu wissenschaftlichen Fragestellungen. Hinzu kam eine kosmische Quelle (Quelle 2)[2], die sich bei wissenschaftlichen Fragestellungen ungefragt, aber freundlich, einschaltete.

Wir sind immer wieder fasziniert von dem, was unsere jenseitig-kosmischen Gesprächspartner uns übermitteln. In diesem zweiten Buch geht es um die seelischen Hintergründe der menschlichen Erkenntnisfähigkeit und des menschlichen Fortschritts sowie um ganz grundlegende Fragen zum Bewusstsein. Vor diesem Hintergrund erklärt sich auch, warum in der heutigen Zeit ein geistiges Medium wie ich zum wissenschaftlichen Fortschritt beitragen kann.

Wir hoffen und wünschen uns sehr, dass wir mit diesem neuen Wissen möglichst viele Menschen ebenso begeistern können, wie wir es waren und immer noch sind.

Marion Menge

Eva Maria Pfeiffer entwickelte sich über die letzten Jahre zu einem geistigen Wissenschaftsmedium. Dies bedeutet, dass eine kausale und eine kosmische Quelle zu ihr Kontakt aufnehmen und sie bitten, neues Wissen zu empfangen und zu veröffentlichen – Wissen, das über den bisherigen menschlichen Erkenntnishorizont weit hinausreicht. Dieses Wissen dient einer problemlösenden und optimistischen Zukunftsausrichtung der Menschen auf der Erde. Es bezieht sich auf alle nur denkbaren Forschungsbereiche, es bezieht sich auf menschliches Bewusstsein, es bezieht sich auf das kosmische Bewusstsein – und wie dies alles miteinander zusammenhängt. Die Quellen sind wertschätzend, halten sich für wissend, aber nicht für allwissend, und wünschen sich einen Umgang auf Augenhöhe.[3]

Die kausale Quelle erklärt im vorliegenden Buch aus ihrer seelischen Sicht, wie es zu sich potenzierendem wissenschaftlichen sowie gesellschaftlichen Fortschritt kommt. Und sie zeigt, wie dieser mit der – ansteigenden! – Bewusstseinsenergie[4] zusammenhängt. Dies veranschaulicht sie anhand von Beispielen aus der europäischen Wissenschaftsgeschichte

Das Leben ist bekanntlich unmäßig, differenziert und zeigt sich uns voller vermeintlicher Widersprüche. Wir Autorinnen können hier alles Biografische und Wissenschaftliche leider nur sehr vereinfacht und verkürzt darstellen. Wir hoffen aber darauf, dass außer uns auch die Leserschaft – falls noch nicht geschehen – Lust darauf bekommt, in Wissenschaftshistorischem und in Wissenschaftsnews zu stöbern sowie Wissenschaftssendungen zu verfolgen. Denn aus den Wissenschaften werden die Lösungen für die globalen Probleme kommen.

Wir reden hier nicht naiver Wissenschaftsgläubigkeit das Wort! Im Gegenteil. Wir möchten dazu beitragen, dass sich vermehrt auch Laien für wissenschaftliche Entwicklungen interessieren.[5] Wie kann eine am Gemeinwohl orientierte Wissenschaft in unserem Land möglichst gut betrieben und unterstützt werden? Ein weites Feld, das der Expertise und der Diskussionen bedarf.

Während der Aufzeichnungen für dieses Buch schaltete sich – wie beim ersten Buch – zusätzlich die kosmische Quelle (Quelle 2) in die Durchsagen ein und gab Hinweise zu weiterführenden Forschungsfragen. Wir Autorinnen vermuten, dass die Aussagen der Quellen und unsere Bücher mit einem wissenschaftlichen Paradigmenwechsel zusammenfallen, der nun ansteht und für weiteren Fortschritt notwendig ist. Er hängt mit der Frage zusammen: Was war zuerst da – Materie oder Bewusstsein?

Dazu ein kurzer Rückblick: Max Delbrück (1906–1981), Nobelpreisträger und Begründer der Molekularbiologie, schrieb in den 60er-Jahren des vergangenen Jahrhunderts, dass weder bekannt ist, wie sich aus Molekülen eine erste Zelle entwickeln konnte, noch, warum das Erkenntnisinteresse des Menschen weit über dessen Überlebensinteresse hinausschießt.[6] Die Evolution selbst muss überrascht gewesen sein, als der Mensch nicht nur mit Feuer umzugehen lernte, was für einen Überlebensvorteil gereicht hätte, sondern auch noch Weltraumsonden und Rasterkraftmikroskope zu bauen begann.

Knapp zusammengefasst, können die Wissenschaften bis heute noch nicht erklären, wie erstes Leben auf der Erde entstand, wie dieses Leben höheres Bewusstsein entwickelte, warum der Mensch so viel ›evolutionär Überflüssiges‹ denkt und wie genau menschliches Bewusstsein an ein Gehirn gekoppelt ist. Dass es auf diese bedeutenden Fragen noch keine zufriedenstellenden Antworten gibt, liegt vermutlich an der bisher falschen Fragestellung: Wie entsteht Leben und Bewusstsein aus Materie? Die weiterführende Frage lautet: Wie entstand und entsteht immer noch Materie, Leben und irdisches Bewusstsein aus dem schöpferischen Bewusstsein des All-Ganzen?

Dank Eva Maria Pfeiffers kausaler Quelle einerseits und ihrer kosmischen Quelle andererseits wissen wir: Es gibt sie, die Schöpfungsenergie des All-Ganzen, eine reale, ›hochschwingende‹ Bewusstseinsenergie, die sich im All zudem

›ausdehnt‹ und weiter ›erhöht‹. Der Mensch hat mit seinem Körper, mit seiner sich reinkarnierenden Seele und seinem Geist Anteil daran. Die Menschheit wächst auf diese Weise evolutionär mit – erkennbar an ihrem nicht enden wollenden Erkenntnisinteresse und an ihren immer neuen Erfindungen. Die Menschen füllten dabei unaufhörlich – bisher unwissentlich – einen gigantischen ›Erfahrungs- und Wissens-Pool‹, der ebenfalls eine Form von ansteigender Bewusstseinsenergie ist.[7]

Für uns Inkarnierte im beginnenden dritten Jahrtausend gilt es nun staunend zu begreifen, dass die jetzt stattfindende Berührung zwischen dem vom Menschen geschaffenen seelisch-geistigen ›Bewusstseinspool‹ und kosmischen Energien einen Entwicklungsschub auslöst. Dieser zeigt sich 1. in vermehrt auftretender, erhöhter Medialität, in 2. nun heranwachsenden, genetisch weiterentwickelten besonders intelligenten Köpfen[8] und 3. sogar in Veränderungen in der Materie unserer Erde. Letztere werden zu mehr nutzbarer Energie und zu einem erweiterten Periodensystem – dienlich für die Entwicklung umweltschonender Produkte – führen und damit zur Überwindung aller ökologischen und humanitären Krisen. Beide Quellen betonen diese Zusammenhänge, die aber selbstverständlich noch weiterer Erklärungen bedürfen, gerne mithilfe von Fragen aus der Forschung an die Quellen.

Über ausgewählte Beispiele aus der Wissenschaftsgeschichte schlägt dieses Buch den großen Bogen zum Heute, wo es um den Eintritt in eine neue Bewusstseinsstufe geht. Ohne diesen Bogen sind die neuen Entwicklungen nicht verständlich. Grundkenntnisse der Leserschaft über die Reinkarnation der Seele sind nützlich, aber keine Voraussetzung.

Bewusstsein war zuerst und beeinflusst weiterhin Materie, bestätigt sich. Dem nachzugehen, bedeutet, Lösungen für globale Probleme zu finden. Das heißt schon heute: Unerwartete Mess- und Versuchsergebnisse brauchen nicht falsch zu sein, sondern können diese in den etablierten Wissenschaften noch unbekannten Zusammenhänge und neuerlichen Entwicklungen aufzeigen.

Eine mediale Beratung kann Erkenntnisprozesse unterstützen und vor allem verkürzen, was angesichts des dramatischen Klimawandels, des weltweiten Mangels an klimafreundlicher und erneuerbarer Energie sowie des nach wie vor unsäglichen Hungers auf der Erde sehr sinnvoll erscheint.[9]

Diese gleichermaßen überraschende, wie wunderbare Entwicklung wird allerdings im heutigen Wissenschaftsbetrieb vermutlich auf große Skepsis sowie großes Unbehagen stoßen und, zumindest anfänglich, wie eine Kröte goutiert werden. Wir empfehlen: Runter damit! Mediale Kontakte werden zukünftig für Menschen so normal und so einfach sein wie heute das Telefonieren, wurde uns von der seelischen Quelle vorausgesagt.

Die Welt mag zurzeit noch an ihren Problemen verzweifeln. Die Menschheit befindet sich jedoch genau jetzt in einem gigantischen Bewusstseinssprung und wird nun die Köpfe sowie Technologien hervorbringen, die das Leben auf der Erde zum Besseren verändern. Dabei verzahnen sich spiritueller und wissenschaftlicher Erkenntniszuwachs gleichsam wie die offenen Seitenränder von zwei Puzzleflächen, die endlich zum Gesamtbild zusammengeschoben werden können. Trotz aller Unzulänglichkeiten, Irrtümer und Fehlentwicklungen: Die Menschen sind auf einem guten Weg!

Eine Anmerkung zu unserer Vorgehensweise: Die Kapitel basieren – wie bereits erwähnt – auf Biografien, eigentlich: Seelenbiografien, und bewegen sich in einem jeweils eigenen inhaltlichen und geschichtlichen Kontext. Jedes Kapitel wirft ein etwas anderes Licht auf Erkenntnis und Bewusstsein. Es ist keine strenge Chronologie in der Kapitelfolge zu finden, aber eine Tendenz von der Vergangenheit zur Zukunft.

Die Durchsagen der Quellen wurden aufgrund ihrer teilweise komplizierten Satzstruktur von uns für eine bessere Lesbarkeit bearbeitet und gekürzt. Wir haben über die Jahre gelernt – auch mithilfe unserer Lektorinnen –, dies so zu tun, dass die Inhalte unberührt bleiben bzw. leichter verständlich sind. Dennoch kann es hier und da zu Schachtelsätzen kommen.

Für unsere Leserinnen und Leser mag überraschend sein, wie zugewandt und ›menschlich‹ die vermeintlich so fernen Wesenheiten kommunizieren. Ab und zu wirken sie in ihrer Sprache ein wenig altmodisch, aber inhaltlich sind sie mehr als up to date. Kein Dogma ist ihnen zu heilig, um nicht in aller Freundschaft zertrümmert zu werden. Dies ermöglicht die Sicht auf eine völlig neue und unerwartet beglückende Zukunft der Menschen auf der Erde.

Wir wünschen unserer Leserschaft ein inspirierendes Leseerlebnis!

Die seelische Quelle

Es ist nicht unser Anliegen, ein Buch in exakter Wissenschaftssprache vorzulegen, sondern wir möchten einen Schritt weitergehen und zeigen, wie Wissenschaft und spirituelles Denken künftig zusammenwirken und zusammengehen werden. Deshalb formulieren wir teilweise Begriffe, die vielleicht nicht immer der aktuellen wissenschaftlichen Definition oder dem wissenschaftlichen Sprachgebrauch entsprechen.

Wir verwenden beispielsweise bewusst die Worte ›subatomarer Raum‹, um zu verdeutlichen, dass sich die Veränderung der Materie und der Zukunft in einem Raum abspielen wird, der zwar dem atomaren Bereich zugerechnet werden kann, aber noch weitaus kleiner ist. Uns ging es darum, zu verdeutlichen, dass die Wissenschaft noch bei weitem nicht in aller Gänze das Atom ausgelotet und beschrieben hat. In dem allerkleinsten Raum, in dem allerkleinsten Feld innerhalb eines Atoms, wird sich künftig durch den Anstieg des Bewusstseins ein anderer energetischer Level einstellen.

Kapitel 1

Das 18. Jahrhundert in Europa

Blüte der Wissenschaft und Tummelplatz gereifter Seelen

Die seelische Quelle hatte Eva Maria die Jahreszahl 1785 genannt, zu der wir nachlesen sollten. Wir Autorinnen haben uns inzwischen daran gewöhnt, dass der Zugang zu einem Thema überraschend sein kann und dass sich darüber dann all das entwickelt, was die Quelle uns vermitteln möchte. Sie hat Zugriff auf unterschiedliche Wissensspeicher, d. h. zu allem, was auf der Erde von Menschen erfahren sowie gedacht wurde und wird. Auch kann sie zu kosmischen Quellen Kontakt aufnehmen, dort zukunftsgerichtetes Wissen abfragen und über Eva Maria vermitteln. Sie hat die Absicht, über die medialen Fähigkeiten von Eva Maria Pfeiffer dienliches Wissen in die Welt zu tragen. Unsere Aufgabe dabei ist, den Hinweisen der Quelle nachzugehen und Fragen zu stellen.[1]

Im 18. Jahrhundert kam es im Herzen Europas zu umwälzenden gesellschaftlichen Entwicklungen. 1789 begann die Französische Revolution mit der Forderung nach Freiheit, Gleichheit und Brüderlichkeit. Und es kam in dieser Zeit zu wissenschaftlichen Erkenntnissen und neuen Erfindungen von ungeahntem Ausmaß. Als technisches Wahrzeichen dieser innovativen Zeit gilt die erste Fahrt mit dem Heißluftballon der Brüder Montgolfier im Jahr 1783.[2] Um 1785 ist vieles – zu viel – geschehen, was einer Nachfrage in den seelischen Welten wert gewesen wäre.

Wir fragten uns, ob es der Quelle um den Aufbau der heute im weiteren Sinne demokratisch regierten europäischen Nationalstaaten, in gewisser Weise um den Start in die heutige europäische Gemeinschaft, ging. Im Sommer 1785 wurde von Friedrich Schiller die *Ode An die Freude* verfasst. Ihre Wirkungsgeschichte reicht bis in das Heute und in die Zukunft hinein. »Schillers Gedicht *An die Freude* erschien erstmals 1786 in der von ihm herausgegebenen Zeitschrift Thalia. [...] Bald darauf beschäftigte Beethoven die Idee einer Vertonung. Zusätzlich inspirierte ihn Schillers Gedicht *Die Götter Griechenlandes*, in dem Schiller dem harmonischen Miteinander von Religion und Wissenschaft zur Zeit der Antike den christlichen Ansatz gegenüberstellt, der – bedauerlicherweise – eine geistliche Gotteswelt von einer entgötterten Natur trenne.«[3] Seit 1972 ist der vierte Satz von Beethovens 9. Sinfonie offizielle Hymne des Europarats, seit 1985 Hymne der Europäischen Gemeinschaft.

Wem nun die Melodie von *Alle Menschen werden Brüder* in den Sinn kommt, verfügt über einen Ohrwurm, der zur Untermalung dieses Buchs passen würde.[4]

Wir hätten hier einen wunderbaren musikalischen Ausgangspunkt gefunden, um das damalige gesellschaftliche und politische Geschehen und dessen große Auswirkungen in dieses Buch aufzunehmen. Der Begriff ›entgötterte Natur‹ wäre vermutlich zudem ein gutes Stichwort für die kausale Quelle gewesen. Sie versucht, uns und unserer Leserschaft immer wieder zu verdeutlichen, dass der Mensch und die Natur durchaus nach wie vor unter dem wohlmeinenden Einfluss des schöpferischen All-Ganzen stehen. Wenngleich dieses nicht dem Gottesbild einer Religion entspricht und die uns näherstehenden Instanzen eher in den seelischen Welten zu finden sind.

Oder ging es der Quelle möglicherweise um die ersten Schritte in das Zeitalter der weltverändernden Industrialisierung? 1785 erhielt bspw. der englische Pfarrer Edmund Cartwright für den von ihm erfundenen ersten vollmechanisierten Webstuhl *Power Loom* das Patentrecht. Die Bedienung erfolgte noch per Muskelkraft über eine Handkurbel, was zweier Männer bedurfte, die schnell ermüdeten. Wenig später, 1788, setzte Cartwright bereits in seiner 1786 gegründeten Weberei eine Dampfmaschine als Antriebsaggregat ein. Die neue Technik führte damals zu Unruhen in der Arbeiterschaft, weil sie bisherige Arbeitsplätze vernichtete.[5] Vor allem mit dem Naturforscher Isaac Newton, der Mitte des 17. Jahrhunderts geboren worden war, hatte die Erforschung von Naturgesetzen und die Mechanik eine immer bedeutendere Rolle eingenommen, was sich in der Folge in technischen Erfindungen sowie neuen Arbeits- und Lebensweisen niederschlug.

Neben der Physik spielte zunehmend die Chemie eine große Rolle. Wir stießen unter anderen Naturforschern[6] auf Antoine Laurent de Lavoisier[7]. Eva Maria Pfeiffer befragte die Quelle zu ihm.

Die Quelle: »Bei Antoine Laurent de Lavoisier können wir gut beschreiben, wie seelische Bestimmungen aus seelischen Aufgaben heraus ein sogenanntes Forscher- und Wissenschaftlerleben beeinflussen. Ihr könnt an diesem Beispiel aber auch sehen, dass jede Inkarnation wichtig ist, um später einmal zu großen Erkenntnissen zu kommen.

In seinem Fall war die Seele bereits einmal als Handwerker inkarniert gewesen, der sich in aller Stille und in aller Ausführlichkeit mit den Eigenschaften des Holzes beschäftigte. Dies legte die seelische Grundlage für die Inkarnation, in der die Seele als Antoine Laurent de Lavoisier auf anderem Gebiet die Gesetze und Eigenschaften der Natur studierte. Wir möchten euch damit sagen, dass aus seelischer Sicht kein großer Unterschied besteht, ob eine Seele die Gesetze des Holzes oder die Gesetze des Kosmos erforscht. Für beides braucht es eine gewisse seelische Voraussetzung, aber auch einen bestimmten Intellekt und natürlich auch förderliche Umstände innerhalb der Inkarnation.

Jede Inkarnation hat ihren Sinn und schafft Grundlagen für weitere Inkarnationen. Wir möchten betonen, dass es nicht die Inkarnationen als Wissenschaftlerinnen und Wissenschaftler allein sind, die Erkenntnisse in der Physik, Chemie, Kosmologie und so weiter voranbringen, sondern dass dem immer eine seelische Inkarnationsgeschichte vorausgegangen ist: ein langer Weg, an dem viele Einzelseelen und viele Seelenfamilien beteiligt waren.

Wir möchten euch im Rahmen dieses Projekts sagen: Vergesst nicht, jede Inkarnation ist wichtig! Jede Inkarnation kann Grundlage für spätere großartige Erkenntnisse sein! Und so möchten wir euch und all jenen, die euch später einmal hören oder lesen werden, sagen: Jedes Leben ist aus seelischer Sicht wichtig und hat seinen Sinn!«

Für ein besseres Verständnis: Der hier verwendete Seelenbegriff lehnt an denjenigen von Varda Hasselmann und Frank Schmolke an.[8] Jede Seele gehört demnach einer sogenannten Seelenfamilie von etwa 1000 Seelen an. Während ihrer ca. 100 Inkarnationen durchläuft sie unterschiedliche Entwicklungsstadien von der ganz jungen bis zur alten Seele. Die Begriffe ›junge Seele‹, ›reife Seele‹ und ›alte Seele‹ sind bei der zu Eva Maria Pfeiffer sprechenden Quelle weniger in einem festen Schema zu sehen, sondern als relativ zu betrachten. Es komme immer auch auf individuelle Lernschritte an, die eine Seele reifen lassen.

Eva Maria: »Was versteht ihr unter ›seelischen Aufgaben‹?«

Die Quelle: »Zunächst: Seelen und Seelenfamilien sind nichts anderes als Abspaltungen, quasi ›göttliche Funken‹, des All-Ganzen, das den gesamten Kosmos bestimmt. Setzen wir einmal das All-Ganze gleich mit einer allumfassenden Intelligenz, dann sind Seelen, die in den seelischen Welten wohnen, Teilaspekte dieser allumfassenden Intelligenz. Diese Teilaspekte suchen nach ›energetischer Aufladung‹, deshalb inkarniert sich ein großer Teil von ihnen und versucht, durch Erkenntnis innerhalb verschiedener Menschenleben seine Energie anzuheben. Wenn sie ihre Inkarnationskreisläufe durchlaufen haben, kehren Seelen wieder endgültig in die seelischen Welten zurück, um dort diese Welten energetisch anzureichern.

Seelen, Seelenfamilien und seelische Aufgaben sind dazu da, um ein möglichst breites Wissen zusammenzutragen und es später zusammenzuführen. Das ist in etwa vergleichbar mit dem Lesen von einer Unmenge an Sekundärliteratur für ein Buchprojekt. Alle Informationsquellen tragen dazu bei, in diesem Buch einen neuen Wissensstand zu ermöglichen. Um es zusammenfassend zu sagen: Die Aufgaben von Seelenfamilien gehören zu einer hochentwickelten kosmischen Arbeitsteilung, um über das Erleben im menschlichen Körper seelisches Wissen zu erlangen, zu verfeinern und anzuheben. Auf diese Weise gelangt die Menschheit nach und nach auf höhere Bewusstseinsstufen. Seelenfamilien spielen in euren menschlichen Leben eine weitaus größere Rolle, als ihr es derzeit wahrhabt. Dies ist für viele unter euch noch schwer vorstellbar. Dennoch ist es so! Wir kommen nicht umhin, zu betonen, dass jede Seele und die Gesamtheit der seelischen Welten einen großen Anteil tragen am Wachsen der menschlichen Erkenntnisfähigkeit.

Wir geben euch hiermit den Auftrag, dies anhand der Wissenschaftsgeschichte darzustellen, damit nach und nach deutlich wird, wie die Seele im einzelnen Menschen wirkt und was sie bewirkt.

Wir wissen, dass die Versprachlichung dessen, was in den seelischen Welten und im Kosmos existiert, an Grenzen stößt. Es ist selbst mathematischen Physikern oder Physikerinnen sowie Kosmologinnen und Kosmologen kaum möglich, das, was im Kosmos als All-Ganzes existiert, zu erfassen. Denn Erkenntnis speist sich nicht nur aus Intelligenz, sondern auch aus Intuition und eben aus dem seelischen Bewusstsein, das, wie wir es in diesem Buch schildern, wissenschaftliche Erkenntnis vorangetrieben hat und immer noch vorantreibt.

Es geht uns mit diesem Buch auch darum, euch in der wissenschaftlichen Welt dazu zu ermuntern, den Blick auf den Mikrokosmos der Dinge zu richten, der letztendlich den Makrokosmos gestaltet und der für euch noch in weiten Teilen unerforscht ist. Ihr steht gerade erst am Beginn dessen, was es hier zu entdecken gilt. Wir wagen es an dieser Stelle, die wissenschaftliche Welt herauszufordern, mit uns in den Dialog zu treten. Wir freuen uns, wenn erkenntnissuchende Menschen ihre Aspekte der Wirklichkeit mit unseren Aspekten der Wirklichkeit vergleichen mögen!«

Antoine Laurent und Marie-Anne de Lavoisier

Mit Liebe in die chemische Revolution

Wir entschieden uns, mit weiteren Fragen nach Antoine Laurent und Marie-Anne de Lavoisier fortzufahren, weil dieses Paar deutlich erkennbare Neuerungen in die damalige Naturwissenschaft eingebracht hat. Gemeinsam mit seiner Frau hatte Lavoisier – im Nachgang betrachtet – die sogenannte chemische Revolution in Gang gesetzt, indem sie chemische Versuche unter konsequent kontrollierten Bedingungen durchführten und dokumentierten. Vor allem war es Lavoisier, der den Wasserstoff (mit)entdeckt hat – ein Element, das die Zukunft der Menschheit entscheidend prägen wird, wie wir aus vielen Durchsagen der Quelle wissen.

Wasserstoff wird nicht nur zur Lösung der globalen Energieprobleme beitragen, sondern auch der Zellgesundheit dienen. Letztere Anwendungsmöglichkeit ist sowohl für die pflanzliche Nahrungsmittelproduktion als auch für Heilungsprozesse beim Menschen von Bedeutung. Schon heute sind vielfältige Eigenschaften und Anwendungsgebiete von Wasserstoff bekannt, aber offenbar längst noch nicht alle.

Darüber hinaus gefiel uns Lavoisiers Sinn für dramatische Effekte, mit deren Hilfe er ein größeres Publikum für seine Wissenschaft einnahm. 1785 führte er öffentliche Knallgas-Versuche durch, bei denen er ein Gasgemisch aus Sauerstoff und Wasserstoff mithilfe von Feuer krachend in Wasser verwandelte. Dies ist auch heute noch erstaunlich! Wir hatten die Seele gefunden, mit der unser Buch beginnen sollte.

Eva Maria: »Wir möchten mit euch vertiefend über Antoine Laurent de Lavoisier sprechen, der 1743 in Paris geboren wurde. Gemeinsam mit seiner Frau schuf er viele Grundlagen für die moderne Chemie.[9] Er war Naturforscher, Ökonom, Leiter der französischen Pulververwaltung und Hauptzollpächter.[10] Was könnt ihr uns über die Seele von Antoine Laurent de Lavoisier sagen und darüber, mit welchem Auftrag sie zur Welt kam?«

Die Quelle: »Dies ist eine sehr gute Frage, und sie führt uns wunderbar in das Thema ein, das wir mit euch nun in den nächsten Wochen und Monaten besprechen möchten.

Die Seele, die in Lavoisier wohnte, hatte sich in ihren vielen Inkarnationen vorher damit beschäftigt, Phänomene der Natur zu beobachten und aufzuschlüsseln. Beispielsweise als einfacher Handwerker, der herausfand, dass es viele unterschiedliche Verwendungsmöglichkeiten für Holz gibt. Jener Handwerker tat dies nicht auf einer wissenschaftlichen Basis, wie ihr sie heute kennt, sondern er probierte innerhalb seiner beruflichen Tätigkeit die physikalischen Eigenschaften verschiedener Hölzer aus und entdeckte so immer wieder neue Verwendungsmöglichkeiten. Er fing auch damit an, Holz zu biegen – was in jener Zeit noch nicht sehr verbreitet war. Und wir meinen, dass er zu den Ersten gehörte, die diese Verarbeitungsmöglichkeit des Werkstoffs Holz entdeckten.

Lavoisiers Seelenfamilie hat den Auftrag, Phänomene der Natur zu beobachten, zu erforschen und die Ergebnisse aus allen Inkarnationen zusammenfassend auszuwerten. Es ist eine Seelenfamilie, die schon sehr lange existiert und deren Einzelinkarnationen zeitlich sehr, sehr weit auseinanderliegen. Diesem Umstand ist es zu verdanken, dass Antoine Laurent de Lavoisier in seine damalige Inkarnation, über die wir nun sprechen, sowohl eigene seelische Vorkenntnisse als auch seelische Erkenntnisse aus seiner Seelenfamilie mitbringen konnte.

Aus diesem inneren Wissen der Seele entstand der Wunsch, auf sogenannte wissenschaftliche Art ein Phänomen der Natur zu erforschen, welches ihr heute Wasserstoff nennt.

Lavoisiers Seele geht den Weg des Wissens und der Erkenntnis.[11] *Deshalb hat gerade diese Seele in unterschiedlichen Inkarnationen sehr viele Erkenntnisse über Pflanzen, Tiere, Menschen, aber auch über das, was ihr bis heute ›unbelebte Natur‹ nennt, gewinnen können. Antoine Laurent de Lavoisier war von großer Ausdauer und Geduld. Er ließ sich sehr wenig entmutigen. Und er hatte auch genügend Neugier und Leidenschaft, um sich der naturwissenschaftlichen Forschung zu widmen. Deshalb gelang es ihm, eine bahnbrechende Untersuchung durchzuführen, die in eure Annalen der Chemie-Geschichte als Erfindung des Knallgases eingegangen ist.*

Aus seelischer Sicht war zu dem Zeitpunkt, als Lavoisier von fremder Hand getötet wurde, der seelische Auftrag für dieses Leben erfüllt. Und so ist es auch nicht verwunderlich, dass er gefasst in den Tod ging. Die Seele ist derzeit nicht inkarniert, ruht in den seelischen Welten und bereitet sich auf eine weitere, jedoch sehr ferne Inkarnation vor.«

Eva Maria: »Die nächste Frage – großer Sprung zurück! – bezieht sich auf Aristoteles. Er war der Meinung, dass die vier ›Elemente‹ Wasser, Luft, Feuer und Erde nicht teilbar wären. Lavoisier hat aber mit seinen Versuchen genau das widerlegt. Gibt es aus diesem Grund vielleicht eine Verbindung zur Seele von Aristoteles?«

Die Quelle: »Hier müssen wir deine Frage klar verneinen, es gibt aus unserer Sicht keine seelische Verbindung. Die Seelen sind also keine Geschwister- oder Dualseelen, und sie haben sich auch in keiner Inkarnation zuvor getroffen. Wohl aber hat Lavoisier Aristoteles Lehre studiert, die ihm nicht korrekt erschien. Und da er so neugierig und wissbegierig war, war es für ihn umso reizvoller, sie zu widerlegen.«

Eva Maria: »Die Ehefrau von Antoine Laurent de Lavoisier, Marie-Anne, wurde 1758 als Marie-Anne Pierrette Paulze in Montbrison geboren und starb – lange nach ihrem Mann – 1836 in Paris. Bereits mit 13 Jahren heiratete sie Lavoisier und errang auch selbst große Anerkennung im Wissenschaftsbetrieb. Sie übersetzte Richard Kirwans *Essay on Phlogiston and the Constitution of Acids*[12] und ermöglichte so ihrem Mann, Kirwans Ideen zu widerlegen.«[13]

Die Quelle: »Wir freuen uns, dass ihr uns zu diesem Wissenschaftler-Paar befragt! Marie-Anne Lavoisier war eine sehr intelligente Frau mit viel Esprit. Sie war zudem ihrem Ehemann in schwärmerischer Liebe und Bewunderung verbunden. Dies war ein großer Antrieb für sie, ihre Kenntnisse auf verschiedenen Gebieten zu erweitern. Darüber hinaus war sie in ihrem tiefsten Innern davon überzeugt, dass es einen göttlichen Funken geben musste in dem, was sie als Schöpfung umgab.

Ihre Seele war noch eine junge Seele. Marie-Anne Lavoisier gab sich mit einer nahezu unerschöpflichen Energie – wie es für junge Seelen typisch ist – dem hin, was sich durch die Heirat mit Lavoisier als ihre Lebensaufgabe entpuppte. Wir haben hier also die Verbindung einer eher jungen mit einer sehr gereiften Seele. Ihr könnt an diesem Beispiel sehen, wie gewinnbringend solche Verbindungen sein können. Auch junge Seelen können einen großen Beitrag zum wissenschaftlichen Fortschritt leisten. Es ist nicht so sehr der Reiz einer Aufgabe, die sich aus ihrer Inkarnationsreihe befruchten könnte, der sie bewegt, sondern es ist der reine Lebenshunger, und zwar – wie gesagt – mit der ungestümen Energie einer jungen Seele.«

Eva Maria: »Antoine Lavoisier wurde während der Französischen Revolution hingerichtet. Es stellt sich die Frage, ob es hier etwas gibt, das ihr ›seelische Interdependenz‹* nennt. Reicht eine seelische Verknüpfung mit seinem Scharfrichter möglicherweise bis in die heutige Zeit hinein?«

Die Quelle: »Der Scharfrichter, unter dessen Hand Lavoisier hingerichtet wurde, stand in keinem seelischen Zusammen-

---

*›Seelische Interdependenz‹ definiert die Quelle im weitesten Sinn als die Auswirkungen von Erfahrungen einer Seele auf ihre Entwicklung – was zu daraus resultierenden Erfahrungs- und Erkenntniswünschen in einer weiteren Inkarnation führen kann. Deshalb treffen sich bspw. manche Seelen in nächsten Inkarnationen wieder, um an bereits gemeinsam gemachten Erfahrungen anzuknüpfen und diese fortzusetzen.

hang mit Lavoisier. Aber es ist bei dessen Seele der Wunsch entstanden, in späteren Leben noch einmal Situationen dieser Art zu erleben und daraus Schlüsse zu ziehen, denn sie konnte in jener Inkarnation das Erlebte nicht genügend verarbeiten. Die Seele inkarnierte sich später noch einmal in den USA. Dieser Mann war dort im Rechtswesen tätig und beschäftigte sich mit der Frage des Tötens aufgrund juristischer und damit staatlicher Verordnung, also noch einmal aus einer ganz anderen Perspektive. Er schrieb darüber theoretische Abhandlungen.

Viele Ungerechtigkeiten aus jener Zeit haben bis heute Einfluss in Frankreich. Einige Seelen versuchen, die etablierte Gesellschaft in Frankreich erneut herauszufordern, indem sie ihr die darin noch herrschende Ungleichheit spiegeln. Probleme der Migration in diesem Land sind so besser zu verstehen.«

Eva Maria: »Lavoisier gilt als Begründer der chemischen Revolution, die uns bis heute begleitet und die nun aber an ihre Grenzen zu stoßen scheint. Stehen wir in diesem Jahrhundert vielleicht wieder vor einer neuen Revolution, die man als ›kosmisch-seelisch-geistige‹ Revolution bezeichnen könnte?«

Die Quelle: »Ja und nein. Die Erkenntnisse über chemische Verbindungen und über das, was daraus geschaffen werden kann, werden euch noch viele weitere Jahrhunderte begleiten. Aber die negativen Auswirkungen der bisherigen Forschung werden mehr und mehr beseitigt werden können. Das wird Bestandteil dessen sein, was wir die ›Revolution des Bewusstseins‹ nennen möchten.

Das Bewusstsein in den seelischen Welten und das Bewusstsein der Menschen auf der Erde hat sich angehoben und wird sich noch weiter anheben. In diesem Zusammenhang sind neue kosmische Energien in euer Sonnensystem eingedrungen und werden weiterhin eindringen. Diese haben auch Auswirkungen auf das Schwingungsfeld eurer Erde.[14]

Insofern würden wir sagen: Ja, es kommt ein anderes Zeitalter hinsichtlich dessen, was ihr Erforschung der Natur nennt im weitesten Sinne. Und nein, es bleibt noch über einige Jahrhunderte einflussreich, was seit dem Beginn der chemischen Revolution – mit der Entdeckung der chemischen Elemente, mit der Entdeckung des Periodensystems und mit einer langen Reihe von chemischen Erfindungen – erforscht wurde. Begriffe wie ›Chemie‹ und ›Physik‹ werden in Zukunft in ein neues Wissenschaftsfeld eingehen, für das ihr zwar heute noch keine Begrifflichkeit habt, aber zukünftig haben werdet. Ihr könnt euch das in etwa wie früher in der Wissenschaft vorstellen: als die Teilbereiche, wie ihr sie aus den letzten zweieinhalb Jahrhunderten als Einzelwissenschaften kennt – also Physik, Chemie oder auch Psychologie und so weiter –, in Anfängen zwar bereits existierten, aber als solche nicht explizit so bezeichnet wurden, sondern in ein gesamtheitliches Denkgebäude eingeordnet waren.

Wir danken euch für diese Fragen. Und wir möchten euch bitten, nach weiteren Personen nicht nur in Frankreich zu suchen, sondern auch in anderen Ländern. Wir bleiben zunächst einmal in dem Bereich der naturwissenschaftlichen Erkenntnis.«

Priestley, Scheele und Ingenhousz

Der Streit über die Atmung der Pflanzen

Wir stießen im Königreich Großbritannien auf den umtriebigen und enorm produktiven Pfarrer und Naturforscher Joseph Priestley (1733–1804). Er vertrat die Menschenrechte, begrüßte die Französische Revolution und wandte sich gegen für ihn nicht nachvollziehbare Dogmen der Kirche. Priestley interessierte sich für Naturphänomene und experimentierte gerne. Er veröffentlichte Bücher u. a. zur Elektrizität (1767) und zur Optik (1772). 1761 war bereits ein sehr erfolgreiches Lehrbuch der englischen Sprache von ihm erschienen.

Priestley erforschte darüber hinaus Gase und hat u. a. den Sauerstoff mitentdeckt. Er meinte zudem, dass Pflanzen die Luft auffrischen. Bekannt bis heute ist sein Versuch, bei dem eine Pflanze und eine Maus in einem luftdicht abgeschlossenen Glasbehälter gemeinsam länger überleben als allein.

Eva Maria: »Joseph Priestley wurde in Fieldhead bei Leeds in England geboren und verstarb in Northumberland County, Pennsylvania, in den USA, wohin er 1794 ausgewandert war, weil er dort als Christ, der die Trinitätslehre[15] ablehnte, seine religiöse Überzeugung besser leben und predigen konnte. 1785 war bereits eins von seinen Büchern als häretisch[16] öffentlich verbrannt worden, und in den Priestley-Riots von

1791 kam es in Birmingham, wo er damals lebte, zur Niederbrennung seines Hauses samt Labor und unveröffentlichten Manuskripten. Es traf damals außer ihn und seine Familie weitere Anhänger der Französischen Revolution sowie Andersgläubige.«[17]

Die Quelle: »Priestleys Seele hatte eine ganz andere Herangehensweise an die naturwissenschaftliche Forschung: Sie wollte der Menschheit zeigen, dass sie Großes zu leisten vermag. Sie kam aus einer Seelenfamilie mit der Aufgabe, das Leben in aller Fülle auszuloten und in aller Entfaltung darzustellen. Das führt bei Seelen häufig dazu, dass sie mit großer Energie und in einer gewissen Hektik bereit sind, sehr vieles in einer Inkarnation auszuprobieren.

Menschen mit einer solchen Seele führen oft ein sehr temporeiches Leben. Es gibt Inkarnationen der extremen Lebensführung bis hin zu Exzessen und Sucht. In dieser Bandbreite ist jedoch alles möglich: Es können auch Inkarnationen in extremer Stille, Ruhe und Zurückgezogenheit dabei sein. Joseph Priestleys Seele nun hatte aus den vorangegangenen Leben eine Fülle von Kraft gespeichert, mit der er seine wissenschaftlichen Ziele verfolgte.«

Priestley machte wissenschaftliche Entdeckungen fast zeitgleich mit anderen Naturforschern, beispielsweise mit Carl Wilhelm Scheele, der 1742 in Stralsund, Schwedisch-Pommern, geboren wurde und 1786 in Köping in Schweden verstarb.

Scheele war Apotheker sowie Chemiker und trug zur Auffindung mehrerer Elemente bei, insbesondere des Sauerstoffs.

Er meinte im Unterschied zu Priestley, dass Pflanzen die Luft verschlechtern würden.[18]

Der niederländische Arzt und Botaniker Jan Ingenhousz schließlich hob diesen Widerspruch auf. Jan Ingenhousz, 1730 in Breda geboren und dort als Arzt niedergelassen, verstarb 1799 in Bowood Park im Vereinigten Königreich, wohin er umgesiedelt war, weil ihn der Arzt und das Royal-Society-Mitglied John Pringle dazu eingeladen hatte. Er lernte dort auch noch Priestley kennen.[19]

Eva Maria: »Jan Ingenhousz gilt als Begründer der Photosynthese-Forschung. Er entdeckte, dass Pflanzen in Dunkelheit Kohlenstoffdioxid abgeben, es unter Licht hingegen aufnehmen und Sauerstoff abgeben.«

Die Quelle: »Bei Jan Ingenhousz waren nicht nur Aspekte der Seelenfamilien-Aufgabe von Bedeutung, sondern in seinem Leben ging es auch um karmische Verstrickungen. Daher möchten wir euch bitten, uns noch einige weitere Anhaltspunkte aus seinem Leben zu geben. Was wir aber jetzt schon sagen können, ist, dass seine Seele aus einer Seelenfamilie stammt, deren Aufgabe es ist, unbekanntes Denken in die Welt zu bringen.

Die Entdeckung der Photosynthese zeigt, in welchen Widersprüchen sich Wissenschaftlerinnen und Wissenschaftler verwickeln können. Sie merken oft nicht, dass hinter ihren Forschungen noch andere Manifestationen stecken, die sie noch nicht erkennen können. Dies ist ein sehr schönes geschichtliches Beispiel, an dem sich sehen lässt, wie Wissenschaft auch heute noch funktioniert. Da gibt es einen Forscher, der eine

richtige Erkenntnis hat, da gibt es einen zweiten Forscher mit gegenteiliger Meinung. Und doch sind beide Meinungen richtig, sodass sich der Widerspruch letztendlich auflösen lässt.[20]
Ihr könnt diese drei Männer als Beispiel für die heutige Situation der Wissenschaft in vielen Bereichen sehen, besonders auch in der Medizin, wo es scheinbar widersprüchliche Erkenntnisse gibt und teilweise ein erbitterter Kampf um die vermeintlich einzig richtige Meinung stattfindet.«

Eva Maria: »Da wäre beispielsweise der scheinbare Widerspruch zwischen Homöopathie und klassischer Medizin.«

Die Quelle: »Es gibt einen feinstofflichen Weg der Heilung, der sich momentan nur einem eher geringen Teil der Menschheit erschließt, und es gibt einen grobstofflichen Weg, der derzeit die große öffentliche Meinung beherrscht und sogenannter Mainstream ist. Doch auch hier wird man sich mit der Zeit immer mehr annähern, und irgendwann wird auch dieser Widerspruch aufgelöst werden, so, wie jener Widerspruch damals von Jan Ingenhousz aufgelöst wurde.«

Eva Maria: »Gibt es bei den drei Naturforschern gemeinsame seelische Hintergründe?«

Die Quelle: »Wir sehen eher eine gesamtseelische Konstellation dergestalt, dass zwei Seelen in derselben Sache etwas Gegensätzliches entdeckt haben. Wann immer solches geschieht, ist dies ein Impuls zum Wachstum.

Man könnte sich nun fragen, wer denn nun den wichtigsten Baustein dieser wissenschaftlichen Erkenntnis gelegt hat. Aus unserer Sicht haben alle drei Forscher mit ihren innewohnenden Seelen den gleichen Anteil an Erkenntnis geleistet. Auch vermeintlich unrichtige Ergebnisse schaffen Voraussetzungen für das Wachsen der wissenschaftlichen Erkenntnis. Wissenschaft entsteht im Diskurs. Solange der Diskurs nicht abreißt, wird sich euer Erkenntnishorizont erweitern.«

Eva Maria: »Hat wissenschaftliche Erkenntnis nur mit der Seele zu tun?«

Die Quelle: »Wissenschaftliche Erkenntnis hat auch mit der Feldenergie zu tun, die eine Seele vorfindet. Immer da, wo sie in ein Umfeld hineingeboren wurde oder wo sie sich ein Umfeld schaffen kann, in dem andere Seelen bereit sind, ihr zuzuarbeiten – also in einem angehobenen energetischen Feld – ist es möglich, neue und ungewöhnliche Dinge zu entdecken. Und umso weniger abhängig eine Wissenschaftlerin oder ein Wissenschaftler ist, vor allem finanziell, umso mehr Forschungsfreiheit sie oder er hat, umso wahrscheinlicher ist es, dass es zu bedeutungsvollen Ergebnissen kommt.*

Wenn wir euch und all jenen, die in euren gesellschaftlichen Systemen Verantwortung tragen, etwas aus unserer

---

*Dies erinnert an den Begriff ›morphisches Feld‹ nach Rupert Sheldrake. Die Quelle dazu an anderer Stelle: »Wir haben den Begriff ›morphisches Feld‹ gewählt, weil Sheldrake in seiner Vorstellung dem am nächsten kommt, was wir euch immer wieder über bestimmte Phänomene im Zusammenwirken von Menschen, aber auch im Zusammenwirken von Mensch und Materie, zu erklären versuchen. Wir möchten an dieser Stelle noch einmal betonen, dass immer da, wo Menschen mit ihresgleichen in einem angstfreien Umfeld arbeiten können, sich Großartiges an wissenschaftlicher Erkenntnis ereignen kann.«

Warte zurufen möchten, so ist es dies: Richtet wissenschaftliche Zentren ein, in denen die unterschiedlichen Disziplinen zusammenarbeiten können, ohne sich voneinander abgrenzen oder gar einander bekriegen zu müssen. Es ist wichtig, ein angstfreies und konkurrenzfreies Umfeld zu schaffen!«

Eva Maria: »Vielen Dank!«

Jan Ingenhousz experimentierte mit der Pockenimpfung. Es wurden Versuche an Waisen und Strafgefangenen durchgeführt. Seine Impfungsmethode und die Art ihrer Erprobung waren sehr umstritten. König Georg III. ließ dennoch aus Vorsicht seine Enkel impfen. 1796 führte der Arzt Edward Jenner eine verbesserte Methode ein.

Eva Maria: »Könnt ihr hier karmische Auswirkungen erkennen?«

Die Quelle: »Zunächst: König Georg III. war als gereifte Seele von Mitmenschlichkeit geprägt, konnte dies aber sehr wenig nach außen zeigen, weil man von einem König Härte, Disziplin und Durchsetzungsvermögen erwartete. Seine Seelenfamilien-Aufgabe war, Neuerungen kritisch zu hinterfragen – seien es wissenschaftliche Erkenntnisse, seien es gesellschaftliche Veränderungen, also Entwicklungen auf jedem Gebiet des menschlichen Lebens. Seine Seelenfamilie ist in etwa das, was ihr heute unter einem Testlabor versteht oder als ›Stiftung Warentest‹ kennt. Auch an diesem Beispiel ist erkennbar, wie seelische und auch wissenschaftliche Erkenntnis gestrickt ist: Etwas, das in der Welt ist, muss von anderer Seite hinterfragt werden. Es sind immer zwei Pole, die zu menschlichem Fortschritt führen.

Edward Jenner stammte aus einer Seelenfamilie, die der Aufgabe nachgeht, bestehende Dinge zu ›verfeinern‹. Das können Erkenntnisse sein, aber auch Gegenstände oder menschliche Verbindungen. Alles, was bereits in der Welt ist, wird noch einmal verbessert. Jenner hat die bestehende Impfmethode so weiterentwickelt, dass sie für Menschen verträglicher und wirksamer wurde.

Das rücksichtslose Erproben der Impfung an Waisen und Strafgefangenen durch Jan Ingenhousz – an Menschen, die als minderwertig galten und deren Leben für nicht wichtig angesehen wurden –, hat Auswirkungen bis in die heutige Zeit. Ihr seid immer noch nicht an dem Punkt, die Gleichheit und Gleichbehandlung aller Menschen in euren gesellschaftlichen Systemen Wirklichkeit werden zu lassen, denn ihr fordert sie oftmals nur auf dem Papier. Ein Gedanke, der zu einer Tat wie dieser führt, bleibt so lange in der Welt, bis er von allen Seelen und Menschen als falsch erkannt wurde.«

Eva Maria: »Aktuell ist wieder der Streit um die Impfung entbrannt.«

Die Quelle: »Auch hierbei liegt wieder das Ringen um Erkenntnis zugrunde, damit irgendwann einmal festgestellt werden kann, dass es dabei kein Entweder-oder, sondern ein Sowohl-als-auch gibt. Die Erfindung der Impfung war ein großer Fortschritt im menschlichen Kampf um Gesundheit. Impfungen dämmen Seuchen ein. Sie sind nichts anderes als die Stärkung des Immunsystems, um Erregern, die den menschlichen Körper schwächen oder sogar zum Tode führen können, kraftvoll begegnen zu können.

Was die heutige Diskussion betrifft, meinen wir zu sehen, dass hier eine andere Ausgangslage besteht. Hier geht es nicht nur um einen medizinischen, sondern hier geht es auch um einen gesellschaftlichen Diskurs – den gesellschaftlichen Diskurs um die sogenannten Freiheitsrechte.

Impfgegner möchten selbst entscheiden, welche Maßnahme sie für ihren Körper und den Körper derer, die ihnen anvertraut sind, ergreifen wollen oder müssen. Sie möchten selbstverantwortlich handeln und sich nicht von anderen Menschen bestimmen lassen. Es geht ihnen um die Akzeptanz ihrer eigenen Einsichten und Ansichten. Dies ist ein Streit, der fruchtbar sein kann, wenn beide Wege akzeptiert werden.

Manche Menschen, die heute im Widerstand sind, sind als Seelen in der damaligen Inkarnation nicht gehört worden. Wir können dies im Moment nicht an bestimmten Personen festmachen; wir sehen nur einige seelische Verbindungen, die bis in jene Zeit zurückreichen.«

Eva Maria: »Es kann also sein, dass eine Seele in einem weiteren Leben ihre Meinung noch einmal verfolgt, es kann aber auch so sein, dass sie nun auf der anderen Seite steht.«

Die Quelle: »Ja und nein. Es kann auch sein, dass die Seele einen objektiven Standpunkt wahrt und vielleicht zwischen zwei Positionen zu vermitteln versucht. Oder sie zieht sich zurück und will von allem nichts wissen. Auch Letzteres ist möglich, um Erlebtes in einer neuen Inkarnation noch einmal seelisch aufzuarbeiten.«

Eva Maria: »Vielen Dank!«

Die Quelle: »Es wäre für uns hilfreich, wenn ihr noch einige weitere Fragen zum 18. Jahrhundert stellen würdet, besonders in geisteswissenschaftlicher, gesellschaftlicher und gesellschaftspolitischer Hinsicht.

Danach könnt ihr gerne in ein anderes Jahrhundert wechseln, sofern euch hier etwas anspricht und euer Interesse weckt. Es geht in unserem Projekt um Wissenschaftsgeschichte, betrachtet aus seelischer Sicht und in Bezug auf das, was wir seelische Erkenntnis und seelisches Wissen nennen möchten.«

Immanuel Kant

Vorausschauender Denker mit langer seelischer Vergangenheit

Medizinische Experimente an Schutz- und Rechtlosen sind menschenverachtend. Beim Eintauchen in das 18. Jahrhundert wurde sehr schnell offensichtlich, was als Mangel und Bedarf an Humanität und Ethik bezeichnet werden kann. Wir entschlossen uns, nach dem Philosophen Immanuel Kant (1724–1804) zu fragen, wohlwissend, dass sein Werk und dessen Nachhall zu tiefgründig und zu groß ist, um in wenigen Sätzen abgehandelt werden zu können. Ein, wenn auch kurzes, Gedenken an ihn – wie auch an all die anderen hier

Erwähnten – schien uns dennoch einen Versuch wert.

In unserem Zusammenhang besonders bedeutend war Kants kategorischer Imperativ, der in wenigen Worten lautet: »Handle nur nach derjenigen Maxime, durch die du zugleich wollen kannst, dass sie ein allgemeines Gesetz werde.«[21] Umgangssprachlich bekannt als: »Was du nicht willst, das man dir tut, das füg auch keinem anderen zu.« Darin scheint die Überzeugung von der Gleichwertigkeit aller Menschen auf – keine Selbstverständlichkeit in der damaligen Zeit und auch heute noch nicht immer und überall.

Kants wohl bekanntester Satz lautet: »Aufklärung ist der Ausgang des Menschen aus seiner selbst verschuldeten Unmündigkeit.« Er stammt aus seinem Aufsatz *Beantwortung der Frage: Was ist Aufklärung?* in der Berlinische Monatsschrift von 1784. Dahinter steht die berühmte Aufforderung, seinen eigenen Verstand zu nutzen, auch und gerade dann, wenn dies beschwerlich ist. Kants Hauptwerk *Kritik der reinen Vernunft*, veröffentlicht 1781, gilt als Start in die moderne Philosophie. Seine umfassenden Überlegungen zur Erkenntnistheorie wären es wert, mit den Ansichten der seelischen Quelle verglichen zu werden, würden den hier gegebenen Rahmen aber leider sprengen.

Auch hatte sich Kant bereits früh für den Kosmos und seine Geheimnisse interessiert, was seine Schrift *Allgemeine Naturgeschichte und Theorie des Himmels*, erschienen 1755, belegt. Er schlussfolgerte aus der schon damals bekannten Planetenbeobachtung richtig, »dass das Universum sehr viele Welteninseln umfassen müsse« und damit wesentlich größer sei, als seinerzeit gemeinhin angenommen.[22]

Kants religiöse Überzeugungen waren nicht kirchenkonform. Er besaß eine deistische Gottesvorstellung, die Gott als den Ursprung alles Seienden anerkennt und darauf weitestgehend reduziert. Er vertrat die Idee der unsterblichen Seele; in seinen Augen war sie auf Ewigkeit dazu angelegt, moralisch zu wachsen. Die letzten Jahre von Kant sollen von einem sich zuspitzenden Konflikt mit der Zensurbehörde geprägt gewesen sein.

Mit wenigen Ausnahmen blieb Kant zeitlebens seiner Geburtsstadt Königsberg – heute Kaliningrad – treu. Er lehnte mehrmals den Ruf an andere Universitäten ab, bis er 1770 die Professur für Logik und Metaphysik an der Universität von Königsberg erhielt, wo er später auch zeitweise Rektor wurde. Er war – im Unterschied zu anderslautenden Überlieferungen – zumindest als junger Mann sehr gesellig und unbeschwert. Als Student soll er ein guter Kartenspieler gewesen sein und sich mit Billard das Taschengeld aufgebessert haben.[23]

Eva Maria: »Möchtet ihr uns etwas zu Immanuel Kant sagen? Er war der große Denker der Aufklärung.«

Die Quelle: »Immanuel Kants Leben ist wieder ein wunderbares Beispiel für einen seelischen Kulminationspunkt innerhalb einer Inkarnationsreihe.

Kant hat in sehr vielen Vorleben – ganz egal in welcher Inkarnation, sei es nun als Mann, als Frau, sei es als Handwerker, sei es als Bäuerin, sei es als eher gebildeter Mensch und einer höheren Gesellschaftsschicht angehörig – Zeit damit verbracht, über das Wesen des Menschseins nachzudenken.

Gleichzeitig stellte er sich Fragen, wie eine Gesellschaft beschaffen sein müsste, damit sie dem Wohle aller darin lebenden Menschen dient.

Seine Seele wählte die Inkarnation als Immanuel Kant, um in ihr diese bereits in vielen Inkarnationen grundgelegten Gedanken noch einmal nachverfolgen und ausformulieren zu können. Es bedurfte dazu eines passenden historischen Kontextes und geeigneter wirtschaftlicher Umstände, um ein solches philosophisches Leben führen zu können und die eigene Meinung frei äußern zu dürfen.

Immanuel Kant hatte in vielen seiner vorherigen Inkarnationen mit den Geboten der Kirche gerungen und hatte sich schließlich die Frage gestellt, inwiefern eine kirchliche Instanz überhaupt notwendig wäre. Als Kant kam er zu der Überzeugung, dass es im Menschen eine Art Vernunft gibt, die nur genutzt werden muss und zum Wohl aller führt. Dieser Gedanke begründete die Aufklärung. Sie wurde zur Basis eurer demokratischen Gesellschaften des Westens.

Ihr geht heute mit einer großen Selbstverständlichkeit davon aus, dass jeder Mensch vernunftbegabt ist. Ihr baut darauf eure gesellschaftlichen Rahmenbedingungen, besonders in euren westlich-demokratischen Systemen. Dies war jedoch über Jahrtausende hinweg keine grundlegende Annahme, und sie ist es auch heute in vielen Ländern der Welt noch nicht, in denen andere Gesellschaftssysteme vorherrschen.

Die Annahme einer reinen Vernunft – also auch, dass jeder Mensch zur Reflexion fähig ist und dass jeder Mensch Gutes in sich birgt, welches er nur aktivieren müsse – deutet darauf hin, dass demjenigen, der zu dieser Erkenntnis kommt, bereits eine reife oder eine alte Seele innewohnt. Sehr junge Seelen sind zu einer solchen Selbstreflexion kaum in der Lage, und sie können auch nicht ein System der Vernunft entwickeln im Sinne von dem Common Sense, wie er in Deutschland und in der EU oder in anderen vorwiegend demokratisch regierten Ländern besteht.

Immanuel Kant traf in dem Ort Königsberg auf einen geeigneten ›seelischen Kosmos‹, da sich dort bereits viele weitere Seelen inkarniert hatten, die sehr gereift waren. Er fand dort etwas vor, das wir gerne wieder als ›morphisches Feld‹ bezeichnen möchten, das heißt, dass sich die Menschen dort sowohl über ihre seelische Vernetzung als auch über ihren geistigen Austausch sehr gut gegenseitig befruchten konnten. Es war dort ein Klima der Erkenntnis gewachsen, welches es zuvor in dieser Form in Deutschland nicht gegeben hatte.

Immanuel Kant konnte zu einem so großen Philosophen werden, weil es in jenem Jahrhundert genügend inkarnierte reife und alte Seelen gab, die fähig waren, ihm in seinen Ausführungen zu folgen. Sie hatten in sich selbst bereits ein System der Selbstreflexion etabliert und waren damit fähig, auf seine Überlegungen zu reagieren. In der Französischen Revolution fand dies seinen Widerhall in der Formel ›Freiheit, Gleichheit, Brüderlichkeit‹.

Wenn ihr nun einen kritischen Blick auf eure heutigen Gesellschaften werft, sei es auf sogenannte westliche Demokratien, also überwiegend in Europa, in Nordamerika oder Australien, sei es auf andere, wie in Asien und Afrika, so könnt ihr immer noch eine Vielfalt an Gesellschaftsformen erkennen. Und ihr kommt nicht umhin festzustellen, dass es immer noch solche gibt, die in keinster Weise der abendländischen Philosophie entsprechen.

Jüngere Seelen – wir gebrauchen dies einmal als recht allgemeinen Begriff – inkarnieren sich immer noch gerne da, wo es eher ›bestimmend‹ zugeht, wo ein ›starker Mann‹ gefordert ist, der dem Land oder der Nation vorsteht, und wo die Gesellschaft noch in kleinen Gruppen strukturiert ist, die wiederum jeweils einen Anführer haben.[24]

Kommen wir noch einmal zu Immanuel Kant zurück, der davon ausging, dass aufgrund von vernünftigem Handeln ein Gemeinwohl zum Wohle aller wirken kann. Er hat damit ein neues Menschenbild formuliert. Erst viel später – beginnend mit Sigmund Freud – wurde der Psyche und dem in ihr wirkenden Unterbewussten nachgespürt, auf das die Seele Einfluss hat.

Schlagen wir wieder den Bogen in die heutige Zeit, in der wir zu euch sprechen und in der es möglich ist, so viel mehr über die Seele zu erfahren, so möchten wir eine – wenn auch sehr gewagte – These aufstellen: Mit Kant kam die Vernunft, mit Freud kam der Blick in die Psyche, und heute kommt mit uns das vertiefte Wissen über die Seele.«

Eva Maria: »Würdet ihr also sagen, dass es im 18. Jahrhundert einen zeitlichen seelischen Kulminationspunkt gab und auch an anderen Orten als Königsberg viele reife und alte Seelen gelebt haben?«

Die Quelle: »Betrachten wir die seelische Landschaft wie eine Karte von oben, so gab es in diesem Jahrhundert auf dem Kontinent Europa tatsächlich zahlreiche seelische Hotspots, also Regionen und Energiefelder, in denen vergleichsweise viele reife und alte Seelen gemeinsam mit jüngeren See-

len lebten. Es wurde dort jeweils ein gesellschaftliches, aber auch ein energetisches Umfeld erzeugt, in dem es möglich war, sowohl durch eine gewisse Form von Wohlstand und Bildung, als auch durch gesellschaftlichen Austausch und eine ausreichende Freiheit der Gedanken, zu tieferen Reflexionen und Erkenntnissen zu kommen. Solche Hotspots gab es in allen gesellschaftlichen Bereichen und in den Natur- wie auch Geisteswissenschaften. Deshalb haben wir euch in dieses Jahrhundert geführt und gebeten, euch dieser Zeit etwas ausführlicher zu widmen und nach Personen zu suchen, anhand derer wir euch beispielhaft seelische und wissenschaftliche Erkenntniswege erläutern können.«

Eva Maria: »Es klingt so, als ob Kant der erste zur Selbstreflexion befähigte Philosoph gewesen war. Aber in der abendländischen Geschichte gab es schon mehr als 2000 Jahre früher Geistesgrößen, wie zum Beispiel Platon, der auch an die Unsterblichkeit der Seele glaubte.«

Die Quelle: »Es gab immer wieder außergewöhnliche Menschen, die eine außerordentliche Denkqualität besaßen. Auch hier spielt die seelische Entwicklung eine Rolle. Mit jeder Seele, die sich inkarniert, mit jeder Seele, die zurückkehrt in die jenseitige Welt und sich dort mit ihrer Seelenfamilie vereint, erhöht sich die Schwingung, die wir in unserer Terminologie ›Schwingung des Bewusstseins‹ nennen möchten. Wenn ihr also innerhalb der Philosophiegeschichte zurückblickt, so ist es wohl richtig und wahr, dass es immer wieder Menschen von beachtlicher Geistesgröße gegeben hat. Jedoch konnten sie jeweils nur so weit reflektieren, wie es dem damaligen ge-

samtseelischen Bewusstsein entsprach. Dass nun Platon an die Seele und an deren Unsterblichkeit glaubte, ist nicht sehr verwunderlich, denn der Glaube an eine Seele war zu vielen Zeiten in der Menschheitsgeschichte existent. Der Unterschied zu heute ist, dass früher noch kein komplexes Wissen über die Seele und über Bewusstsein vorhanden war. Ihr habt heute dagegen eine Fülle von Möglichkeiten, an solches Wissen zu gelangen, so zum Beispiel dadurch, dass die seelischen Welten zu geistigen Medien Kontakt aufnehmen, wie auch zu dir, und auch dadurch, dass das seelische Bewusstsein mehr und mehr in das Unterbewusstsein der Menschen dringt und dadurch mehr und mehr bewusstseinsfähig wird. Wir möchten euch verdeutlichen, dass das seelische Bewusstsein stetig ansteigt und sein Einfluss auf die menschliche Intelligenz und die wissenschaftliche Erkenntnisfähigkeit stetig wächst.«

Eva Maria: »Wie definiert ihr Bewusstsein?«

Die Quelle: »Bewusstsein ist alles Erfahrene und Gedachte, das ein Mensch im Laufe seiner Inkarnationsreihe abgespeichert hat und auf das er qua Unterbewusstsein Zugriff hat.

Bewusstsein ist aus unserer Sicht etwas anderes als Bewusstheit. In dem Moment, in dem der Geist Zugriff auf das Unterbewusstsein erhält und dessen Inhalte zutage fördert, hat der Mensch ein bestimmtes Stadium an Bewusstheit erreicht. Das ist momentan bei noch nicht sehr vielen Menschen der Fall – angesichts der riesigen Zahl an Seelen, die sich auf eurem Erdball inkarniert haben.

Ihr könnt euch denken, dass wir dieses Bewusstsein noch weiter fassen, da in diesen ›Erlebnispool‹ – so möchten wir es einmal definieren – auch noch das eingespeist wird, was wir euch als Anhebung des Bewusstseins erklärt haben. Darunter verstehen wir das gewachsene seelische Bewusstsein, verbunden mit einer höheren kosmischen Energie, die seit einiger Zeit auf den Planeten Erde einwirkt. Es ist nun an der Zeit, dieses Bewusstsein bewusster zu machen.«

Jean-Jaques Rousseau

Eine reife Seele entwickelt eine Utopie

Wir blieben noch bei den für die europäische Geschichte so wichtigen Vordenkern der Französischen Revolution. Zu ihnen gehörte auch Jean-Jaques Rousseau (1712–1778). Er manifestierte die Idee der Volkssouveränität in seinem Werk *Du Contract Social.*

Eva Maria: »Rousseau hatte viele Talente; er war Philosoph, Pädagoge, Naturforscher, Schriftsteller und gilt als Komponist der Aufklärung. Rousseau ging wie Kant davon aus, dass sich der Einzelwille und das Gemeinwohl verbinden lassen.«[25]

Die Quelle: »Jean Jaques Rousseau – bereits der Name klingt wie ein französisches Gemälde. Rousseau war von tiefer Gläubigkeit, allerdings nicht in dem Sinne, dass er an eine Kirche oder an einen Gott geglaubt hätte. Er glaubte daran, dass der Mensch grundsätzlich von einem guten Willen getrieben sei. Dass diese Annahme so nicht stimmt, könnt ihr im Lauf der davor geschehenen Geschichte, aber auch im Verlauf der nachfolgenden Geschichte sehen.

Der Mensch ist nun einmal gut und böse, er trägt die ganze Palette des menschlichen Seins in sich. Bis dato kommt dieses Sein zum großen Teil aus der Biologie und dem Bewusstsein des Säugetiers. Rousseaus Annahme, der Mensch sei von einem guten Willen getrieben und könne sich deshalb auch einem Gemeinwohl unterordnen, war eine zumindest sehr weit vorausblickende Annahme, die sich jedoch in den darauffolgenden Jahrhunderten nur in geringen Ansätzen verwirklichen ließ. Wir wollen Rousseaus Erkenntnisse jedoch keinesfalls kleinreden, denn sie bedeuteten einen großen Fortschritt hinsichtlich der Verfassungen und Gesetze eurer Gesellschaften und Nationen.

Jean Jaques Rousseau war vom Erleben seiner Zeit geprägt. In dieser Zeit erwuchs die Sehnsucht nach Freiheit für alle, also nach einer höchstmöglichen Selbstbestimmung der Einzelnen jenseits der gesellschaftlichen Stände. Diese beiden Strömungen – Glaube und Sehnsucht – vereinte er in sich, und sie führten zu seinen philosophisch-pädagogischen und politischen Überlegungen und Werken.

Rousseau hat sich – wie es typisch für eine reife Seele ist – der Pädagogik und der Politik gewidmet. Es sind die reifen Seelen, die sich Gedanken über Pädagogik und Politik machen – einerseits über die Art und Weise, wie Kinder erzogen werden und welche Schulbildung sie brauchen, andererseits über die Ausformung eurer politischen Systeme, auch über die Art und Weise, wie Benachteiligte und Randgruppen in-

nerhalb einer Gesellschaft leben. Es sind gerade die reifen Seelen, die das menschliche Zusammenleben verbessern möchten.«

Eva Maria: »Vielen Dank!«

Giovanni Battista Morgagni
Pathologe aus Liebe zum Menschen

Von weit vorausdenkenden Philosophen zur Medizin in der damaligen Zeit. Auch der Wissenszuwachs über den Körper und über die Milderung körperlicher Leiden und Schmerzen musste im 18. Jahrhundert von großer Bedeutung gewesen sein, sofern es als fortschrittlich gelten soll. Unvorstellbar, was die Menschen zu jener Zeit an Schmerzen aushalten mussten durch Geburten, Krankheiten und Verletzungen, letztere vor allem auf kriegerischen Schauplätzen.

Der Italiener Battista Morgagni war zu jener Zeit Arzt und Anatom. Er gilt als Begründer der Pathologie und hob das bis dahin mittelalterlich geprägte Bild von Krankheit als Folge eines ›Ungleichgewichts der vier Körpersäfte‹ auf. Morgagni brachte eine Schrift heraus, die ihn berühmt machte: *De sedibus et causis morborum*, übersetzt: Über Sitz und Ursache der Krankheiten. Darin hatte er Beobachtungen beim Sezieren von Leichen gesammelt und präzise den Einfluss von Krankheiten auf den Körper dokumentiert.

Eva Maria: »Wir würden gerne über Battista Morgagni sprechen, der 1682 in Forlì geboren wurde und 1771 in Padua verstarb.«[26]

Die Quelle: »Wir freuen uns sehr, dass ihr auf Giovanni Battista Morgagni gestoßen seid. Als Arzt interessierte Morgagni sich für sehr viele Lehrmeinungen und auch für unterschiedlichste praktische Erkenntnisse. In ihm erwuchs der Wunsch, weiter zu forschen und zu bohren und hinter die Dinge zu schauen. Dass er ausgerechnet darauf kam, Leichen zu sezieren und dabei Krankheitsursachen aufzuspüren, hing mit seiner Faszination für den menschlichen Körper zusammen.

Morgagnis Seele hatte in vergangenen Leben auf den Schlachtfeldern der Geschichte viele Erfahrungen sammeln können und müssen. Sie hatte immer wieder erlebt, wie grausam es sein kann, wenn ein menschlicher Körper gewaltsam zu Tode kommt. Sie hatte in mehreren Kriegen gesehen, mit welcher Art von Verletzungen menschliche Körper zu kämpfen hatten, wie die Menschen geschrien, geblutet und um ihr Leben gerungen haben. Es waren drei Inkarnationen, in denen die Seele des späteren Morgagni auf unterschiedliche Art und Weise an Kriegen teilnehmen musste, sei es als einfacher Fußsoldat, sei es als berittener Soldat und sei es als Mann in einer höheren Befehlsposition, der später über die Schlachtfelder ritt und dort das menschliche Sterben sah.

Am Ende jener Inkarnation entbrannte in Morgagnis Seele der Wunsch, dieses grausame Schicksal zu beenden. Sie fasste den Entschluss, den menschlichen Körper zu erforschen, um daraus Schlüsse ziehen zu können, wie man ihn zum einen besser schützt vor Verletzungen aller Art und zum anderen von Verletzungen heilt, die er dennoch erleiden muss – und dies nicht nur im Krieg.

In der Inkarnation als Pathologe ist ihr dies schließlich gelungen. Giovanni Morgagni näherte sich der Biologie des menschlichen Körpers so auf ganz andere und – wir möchten fast sagen – sanftere Art, da die von ihm untersuchten Menschen teilweise an inneren Krankheiten verstorben waren und nicht nur durch starke Verletzungen. Wann immer Morgagni an seinem Seziertisch stand und begann, die Leichen zu öffnen, erinnerte sich sein Unterbewusstsein kraft seiner Seele an die vergangenen Inkarnationen. Es überfiel ihn ein Gefühl der Hochachtung und der Liebe, und er übte Sorgfalt aus gegenüber dem menschlichen Körper. Er begann, den Körper als Wunderwerk zu betrachten.

Im Verlauf jener Inkarnation erwuchs in ihm auch der Glaube an die Schöpfung. Sein Wunsch wurde immer stärker, dieses Wunderwerk des menschlichen Körpers vor Krankheiten und vor schädlichen Außeneinwirkungen zu schützen. Er war regelrecht besessen davon, auf diesem Wege seinen Beitrag zur wissenschaftlichen Erkenntnis zu leisten.

Es mag andere Menschen gegeben haben – unter anderem auch Leonardo da Vinci[27] *–, die sich der Erforschung des menschlichen Körpers über die Öffnung von Leichen widmeten. Jedoch waren sie eher von einer unbändigen Neugier getrieben und weniger von dem Wunsch, den menschlichen Körper zu schützen und zu heilen. Deshalb ist Morgagni sehr wichtig für unser Vorhaben, den Einfluss der reifenden Seele auf wissenschaftliche Erkenntnis und auf wissenschaftlichen Fortschritt zu verdeutlichen, und wir danken dafür, dass ihr diese Person für unser Gespräch herausgesucht habt.«*

Eva Maria: »Könnt ihr uns noch etwas zur Aufgabe von Morgagnis Seelenfamilie sagen?«

Die Quelle: »Die Aufgabe seiner Seelenfamilie lautet, den Dingen auf den Grund zu gehen. Dies ist eine Seelenaufgabe, die in sehr differenzierter Form von den unterschiedlichen Mitgliedern dieser Seelenfamilie wahrgenommen wird. Sie waren und sind in nahezu allen Bereichen des menschlichen Lebens und in nahezu allen Berufen vertreten.«

Wir machten nun einen zeitlichen Sprung nach vorn und kamen zu einem Deutschen, der auf den Erkenntnissen von Giovanni Morgagni aufbaute:

Rudolf Ludwig Carl Virchow (1821–1902). Er gilt als Begründer der modernen Pathologie und der deutschen Sozialhygiene. Auch war er Medizinalrat, Mitbegründer der Deutschen Fortschrittspartei und Deutschen Freisinnigen Partei.[28]

Eva Maria: »Uns würde bei Virchow die Verbindung von ärztlicher und politischer Tätigkeit interessieren.«

Die Quelle: »Bei Virchow kamen zwei Strömungen zusammen. Zum einen die erkenntnistheoretischen Grundlagen der Philosophen von Kant und Rousseau, die den Gedanken eines Gemeinwohls und den damit verbundenen Gedanken des Wohlergehens aller Menschen, die innerhalb eines Gemeinwesens leben, verfolgten. Zum anderen konnte er auf die bereits gewonnenen medizinischen Erkenntnisse der Pathologie aufbauen.

Rudolf Virchow lebte in einem Umfeld, das es ihm ermöglichte, relativ frei von finanziellen und dogmatischen Zwängen zu arbeiten und zu forschen. Seine Seele wollte bestehendes Wissen verfeinern. Dies trieb ihn zeitlebens so sehr an, dass er auch versuchte, es auf gesellschaftlicher Ebene zu verwirklichen. Deshalb engagierte er sich auch politisch und sozialpolitisch.

Am Beispiel von Virchow ist erkennbar, wie wichtig es ist, dass es nicht nur Menschen gibt, die Neues entdecken und wissenschaftliche Paradigmen ablösen. Es ist auch wichtig, dass es Menschen gibt, die sehr feinsinnig und diffizil noch einmal auf die bestehenden Erkenntnisse blicken und versuchen, sie in ihren kleinsten Wahrheiten zu erfassen. Durch Virchow ist eine Grundlage geschaffen worden für das, was ihr heute als Molekularbiologie und DNA-Forschung kennt. Auch hier waren und sind die Verfeinerer am Werk, die bereits Entdecktes neu erforschen und weiterentwickeln.«

Charles Augustin de Coulomb

Die Magie des Magnetismus

Charles Augustin de Coulomb – 1736 im westfranzösischen Angoulême geboren – forschte auf sehr vielen Gebieten. 1785 beschrieb er das elektrostatische Kraft-Abstand-Gesetz, genannt Coulomb-Gesetz.[29] Durch seine Erforschung der Elektro- und Magnetostatik legte Coulomb Grundlagen für die spätere Elektrizitätslehre und für Feldtheorien aller Art.

Bevor er derartige Experimente durchführte, war er als Bauingenieur im Staatsdienst tätig gewesen. Zu seinen Aufgaben gehörte es damals, Festungen zu bauen und instand zu halten, was ihn zu Abhandlungen über Baustatik inspirierte. Während der Französischen Revolution lebte Coulomb in seinem Haus in Blois, wo er forschte und experimentierte. Zurück im Staatsdienst, war er unter Napoleon ab 1802 im Ministerium für Unterrichtswesen tätig und trug zur Gründung neuer Gymnasien in Frankreich bei. Coulomb starb 1806 in Paris.[30]

Die Anziehung von magnetischen Steinen hatte Menschen schon seit jeher fasziniert; dies war vermutlich auch bei Coulomb der Fall. Angeblich lehnt sich die Bezeichnung des negativ geladenen Elementarteilchens Elektron an das altgriechische Wort ›électron‹ für ›Bernstein‹ an, weil bereits Thales von Milet (ca. 624–ca. 548 v. Chr.) bemerkt haben soll, dass ein Bernstein leichte Gegenstände, bspw. eine Feder, anzieht, wenn er zuvor mit einem Woll- oder Seidentuch gerieben wurde. Diese teils minimalen, rätselhaften Anziehungen und ihre Erforschung auch durch Coulomb waren die ersten leisen Anfänge einer wissenschaftlichen Lawine, die die Menschheit ereilen sollte. Die folgenden Entdeckungen zur Elektrizität, ihre Herstellung und Nutzung in großen Mengen sowie das erforschende Vordringen in den subatomaren Bereich veränderte das Leben auf der Erde.

Eva Maria: »Was sagt ihr zu Charles de Coulomb?«

Die Quelle: »Charles de Coulomb war ein neugieriger Mensch und wollte herausfinden, wie Dinge funktionieren. In ihm steckte eine fortgeschrittene reife Seele, die in ihren vergangenen Inkarnationen immer wieder versucht hatte, Maschinen zu erfinden und zu verbessern.

Die ersten Inkarnationen dieser Seele reichen weit zurück in eine Kultur, in der es noch sehr wenige Werkzeuge gab. Dort probierte sie aus, was möglich ist, wenn man ein Rad mit einem Seil verbindet. In jener Inkarnation wurde der Funke der Neugier an mechanischen Dingen entfacht, die Richtung der folgenden seelischen Reise war nun grundgelegt.

Coulomb gehörte einer Seelenfamilie an, deren Aufgabe sich auf das Wesen von fester Materie richtet. Es geht beispielsweise darum, herauszufinden, wie man große Steine bewegt und wie man sie mit Werkzeugen bearbeiten kann. All das, was zu diesem Werkstoff erforscht und entwickelt worden ist, hängt im Wesentlichen mit den Seelen zusammen, die aus dieser Seelenfamilie stammen – so auch einige, die sich als berühmte Bildhauer inkarnierten.«

Friedrich Wilhelm Herschel

Fasziniert von den Schwingungen der Musik und der Dynamik des Kosmos

Friedrich Wilhelm Herschel, geb. 1738, kam ursprünglich von der Musik, und sie durchzog sein ganzes Leben. Als Sohn eines Militärmusikers in Hannover trat er bereits mit 14 Jahren der kurhannovrischen Fußgarde als Oboist und Violinspieler bei. Als der Siebenjährige Krieg (1756–1763) begann, in dem es den europäischen Großmächten u.a. auch um Kolonien und Einfluss in Nordamerika, Indien und Afrika ging, wurde sein Regiment nach England verlegt. Nach England kehrte er auch umgehend mit seinem Bruder Jacob zurück, als der Krieg zu Ende war und er die Armee verlassen konnte. London war ihre erste Etappe. Er fand dort zunächst Arbeit als Notenkopist.

Herschel machte später Karriere als Orchestermusiker und -leiter sowie als Komponist in Bath nahe London, damals ein Zentrum kulturellen und gesellschaftlichen Lebens. Die mathematische Musiktheorie hatte darüber hinaus sein Interesse für Mathematik und Astronomie geweckt. Er begann – inzwischen nach Slough umgezogen –, verbesserte Spiegelteleskope zu bauen und zu nutzen, um den Sternenhimmel noch genauer als bisher beobachten zu können. Dabei wurde er von seinem Bruder Alexander und seiner Schwester Caroline unterstützt – letztere wurde zu einer anerkannten Astronomin.

Wilhelm Herschel wurde Mitglied zahlreicher Akademien, auch in Übersee. 1793 erwarb er die britische Staatsangehörigkeit und hieß fortan ›William‹. Er starb 1822 in Slough.

Eva Maria: »Wir möchten euch abschließend für das 18. Jahrhundert zu Friedrich Wilhelm Herschel befragen, einem deutsch-britischen Musiker und Astronom. Herschel entdeckte u. a. 1781 den Planeten Uranus, wodurch das Sonnensystem schlagartig doppelt so groß gedacht werden musste als zuvor. Er entwickelte die Theorie, dass die Gravitation an der Entstehung von dichteren Objekten im All beteiligt sei. Der Sternenhimmel wurde nun nicht mehr als unveränderlich begriffen, es gab eine beobachtbare Entwicklung. Damit gilt Herschel als Mitbegründer der modernen Kosmologie.«[31]

Die Quelle: »Friedrich Wilhelm Herschel war ein großartiger Geist, der es vermochte, in die Zukunft zu blicken qua seiner Entdeckungen, was wir jedoch im allegorischen Sinn verstanden wissen möchten. Er schuf die Grundlagen für die heutige Kosmologie, die inzwischen einen sehr großen Raum in der wissenschaftlichen Forschung einnimmt.

Es wohnten sozusagen ›zwei Geistesgrößen‹ in seiner Brust. Wann immer es ein Naturwissenschaftler vermag, nicht nur die Sprache der Mathematik, sondern auch die Sprache der Musik zu sprechen und in dieser Sprache nicht nur zu musizieren, sondern auch zu komponieren, hat er einen doppelten Zugang zur kosmischen Intelligenz.

Aus unserer Sicht wäre es für die heutigen Physiker und Astrophysikerinnen sowie für all jene, die sich mit der Erforschung des Kosmos beschäftigen, wichtig, sich zusätzlich zur Mathematik anderer Disziplinen zu bedienen, denn es gilt hier noch vielfältige Synergieeffekte zu entdecken. Ein Geist, der Zugang zur Musik hat, vermag auf eine ganz andere und vertiefende Weise, die Geheimnisse des Kosmos zu ergründen. Der eine Erkenntnisweg speist den anderen mit dem, was jeweils zur Verfügung steht.

Nehmt einmal Eva Marias eigenes Beispiel: Sie schwingt sich mittels einer Musik, die eine sehr alte Seele geschaffen hat, auf unsere energetischen Impulse ein.[32] *Und so ist es nur folgerichtig, dass hier eine Verbindung bestehen muss. Jedoch wird auf diesem Gebiet leider noch wenig Forschung betrieben.*

Wir möchten euch in diesem Zusammenhang folgende Botschaft an euren Wissenschaftsbetrieb geben: Er möge das Studium Generale (zweisemestrige Orientierungsphase) vertiefen und ausbauen. Denn für die heranwachsenden klugen Köpfe ist es wichtig, dass sie Synthesen und Verbindungen herstellen können, um zu neuen Erkenntnissen zu kommen. Wissenschaft geschieht in einer Vernetztheit und nicht in parallel geführten Wegen, die letztendlich ins Nichts münden.«

Eva Maria: »Ich sehe gerade das Bild eines feinen Netzes, in dem Energieströme laufen, die sich verbinden können, und aus dem Funken sprühen. Das Netz spinnt sich fort, bis es sich komplett verdichtet. Ein zweites Bild besteht aus mehreren Linien, die nebeneinander herlaufen und ins Nichts führen. Wie genau sollte das Studium Generale aussehen?«

Die Quelle: »Es ist aus unserer Sicht nicht unsere Aufgabe, euch hier genaue Lehrpläne vorzulegen. Es soll eine Anre-

gung sein und eine Aufforderung an den Wissenschaftsbetrieb, sich auf die klassischen akademischen Diskurse zu besinnen, die teilweise in solchen Akademien geführt werden, die der Lebenswerke verschiedener Wissenschaftler zu Ehren ins Leben gerufen worden sind und teilweise ihre Namen tragen.

Eine Grundfrage könnte lauten: Was macht das Menschsein aus?[33] *Es könnten verschiedene Disziplinen zusammenwirken und ihre Ergebnisse zusammentragen; es könnte die Chemikerin mit dem Philosophen, der Physiker mit der Psychologin, der Theologe mit spirituellen Lehrerinnen aus anderen Kulturkreisen diskutieren.«*

Eva Maria: »Vielen Dank!«

Die Quelle: »Die Wissenschaft ist – um ein Bild zu gebrauchen – wie eine Knospe, die sich heranbildete und immer weiter öffnete. Im 18. Jahrhundert hat sich diese Blüte der Wissenschaft in weitem und großem Maße entfaltet.«

Eva Maria: »Ich sehe ein Bild von einer voluminösen gelben Blüte mit sehr, sehr vielen Blütenblättern.«

Die Quelle: »Danach kam eine Zeit der Wissenschaft, in der die Bienen heranflogen, um in die tiefsten Winkel dieser Blüte vorzudringen.«

Sklaverei

Die grausame Hypothek, die noch zu begleichen ist

Das Buch entstand in einer aufwühlenden Zeit: Die Welt schien immer mehr aus den Fugen zu geraten. Die weltweite Klimakrise aufgrund der Erderwärmung – mit sehr heißen Trockenphasen einerseits, mit sehr viel Regen in kurzer Zeit andererseits sowie mit ansteigenden Meeresspiegeln – schmorte weiter vor sich hin. Hinzu kam die Covid-19-Pandemie, die auf ihre Art Entzündungsherde bildete und sich in immer neuen Wellen von Land zu Land fraß. Armut und Hunger in Krisengebieten schienen weiterhin unbesiegbar.

Im Gefüge der Großmächte knirschte es gewaltig: China baute nach und nach weltweit seinen geopolitischen Einfluss aus. Dann überfiel Putin am 24.2.2022 die Ukraine. Das Leben der Menschen dort wurde von einem Tag auf den anderen entsetzlich, die wirtschaftliche Konsequenz für die EU bedrohlich und steigende Weizenpreise – und damit noch größerer Hunger auf der Welt – mussten verhindert werden. Die Inflation schnellte hoch. Über die neuen Ankömmlinge aus der Ukraine hinaus – meist Frauen und ihre Kinder – erwarteten Flüchtende und Migranten von weither nach wie vor Einlass in die Europäische Union, und viele starben auf dem Weg dorthin. Dies war nur ein Teil von allem Belastenden ohne Aussicht auf baldige praktikable Lösungen.

Und als ob die akuten Probleme nicht schon gereicht hätten, schoben sich zudem schwelende alte Konflikte in die Aufmerksamkeit der Weltöffentlichkeit. Es flimmerten die Bilder zu ›Black Lives Matter‹ über die Bildschirme. Wir wussten: Der noch heute bestehenden Benachteiligung und teilweisen Ausbeutung von Menschen mit dunkler Hautfarbe war mit Aufkommen der transatlantischen Seefahrt der systematische Handel mit Sklaven vorausgegangen. Weit mehr als 11 Millionen afrikanische Sklaven und Sklavinnen sollen zwischen 1492 bis 1870 nach Nord-, Mittel- und Südamerika verkauft worden sein.

Eva Maria: »Ihr hattet uns darum gebeten, ausgehend von der Jahreszahl 1785, die Zeit der wissenschaftlichen Blüte im 18. Jahrhundert zu beleuchten. Sie wurde auch deshalb möglich, weil Sklavenhandel und Kolonialismus viel Reichtum in die sogenannten westlichen Länder brachten. In den USA rückt die Bewegung ›Black Lives Matter‹ erneut in den Fokus, und es gibt immer stärker werdende Stimmen in den ehemaligen Kolonien, die Gerechtigkeit und Ausgleich einfordern. Sie gehen teilweise so weit, die Größe hier besprochener wissenschaftlicher Köpfe aus jener Zeit infrage zu stellen.«

Die Quelle: »Ausbeutung der Arbeitskraft prägt die Menschheit seit Jahrtausenden und gehört letztendlich zur Entwicklung der Menschheitsgeschichte dazu – so grausam es aus eurer heutigen Sicht auch ist. Kolonialismus, welchen es in anderer Form auch heute noch in euren politischen Landschaften gibt, erklärt sich aus der Biologie des Menschen – basierend auf seinen Säugetier-Genen.

Sklaverei ist nichts, was sich nur auf das Phänomen ›schwarze oder weiße Hautfarbe‹ begrenzen lässt. Es gab in der früheren Menschheitsgeschichte immer wieder – aus heutiger Sicht – Ausbeutung, bei der sehr junge Seelen ausgenutzt wurden, um Reichtum und Kulturschätze zu schaffen. Dies war zum Beispiel auch in der Zeit der Pharaonen so.

Aus heutigem Blickwinkel, der bereits von einem erweiterten Bewusstsein geprägt ist, mag es eine grauenhafte und verurteilungswürdige Zeit gewesen sein, als Menschen aus Afrika versklavt und in andere Länder verschifft wurden, damit sie dort zur Mehrung des Reichtums anderer Menschen schufteten. Diese Phänomene sollten jedoch immer aus der Geschichte ihrer Zeit beurteilt werden. Damals stießen junge Seelen, die begierig waren, andere Länder und Kontinente zu erobern, auf eine große Anzahl viel jüngerer Seelen. Und so kam es zu Ausbeutung und Sklaverei. Damit möchten wir in keinster Weise rückwirkend rechtfertigen, was damals geschah.

Gewalt gegenüber anderen Menschen, wie sie damals geschah, war eine sehr brachiale Energie, die Entwicklungsschübe in der Menschheitsgeschichte bewirkte. Ohne jene Sklaven, für die es im Austausch Geld oder hochwertige Güter gegeben hat, ohne die Menschen, die später auf den Feldern in Amerika zur Arbeit gezwungen wurden, hätte sich ein gewisser Wohlstand nicht entwickeln und ausbreiten können. Es ist der Wohlstand, von dem die westliche Gesellschaft bis heute profitiert. Und so wäre es an der Zeit, diese Arbeit der Menschen, die für euren Wohlstand geschuftet haben, ausgiebig zu würdigen und einen energetischen Ausgleich zu schaffen.

Diesen energetischen Ausgleich herzustellen, wurde und wird in euren Gesellschaften, besonders in den USA, immer wieder versucht. Rein rechtlich obliegen Menschen unterschiedlicher Hautfarbe inzwischen einer Gleichbehandlung. Dies ist in gesellschaftspraktischer Hinsicht jedoch noch lange nicht umgesetzt. Dass Barack Obama in den USA Präsident werden konnte, war ein erstes Anzeichen des Ausgleichs und der Versöhnung. Und es muss und wird noch viel geschehen in diesem Land, sodass dieser energetische Schub, der einen Teil der Menschheit vorangetrieben hat, sich auch auf jene Nachfahren positiv auswirkt, deren Ahnen zum Reichtum dieses Teils beigetragen haben.

Wenn heute Menschen von dunkler Hautfarbe in den USA auf die Straße gehen, für ihre Rechte demonstrieren und sich die Empörung dieser Menschen auch auf andere Länder ausbreitet, kann das dazu führen, dass sich der Ausgleich der Energien mehr und mehr vollzieht. Wenn Menschen gegen die herrschende Regierung oder gegen das herrschende Regime protestieren, so ist dies immer auch ein Ausdruck eines wachsenden seelischen Bewusstseins. Wir vermögen zu sagen, dass sich in vielen Menschen dunkler Hautfarbe, die heute in den USA wohnen, reife und noch ältere Seelen inkarniert haben, deren Bestreben es ist, die in der Vergangenheit erfahrenen Grausamkeiten zu einem energetischen Ausgleich zu bringen.

Es wird mit der Anhebung des Bewusstseins mehr und mehr dazu kommen, dass Phänomene dieser Art nicht mehr gebraucht werden, um kulturelle Leistung, Wissenschaft und Fortschritt zu erzielen. Das heißt: Die Ausbeutung von Menschen, die Ausbeutung von sehr jungen Seelen, wird in einer fernen Zukunft ausgeglichen sein. Denn es ist das Ziel des kosmischen All-Ganzen, die Geschichte der Menschheit zu einer vollkommenen Harmonie zu entwickeln, sodass eine Energie wirksam wird, die in euren Religionen als ›göttliche Liebe‹ oder auch als ›kosmische Harmonie‹ bezeichnet wird.«

Eva Maria: »Vielen Dank!«

Kapitel 2

Grosse Denker des 17. Jahrhunderts

Endstation für die Schöpfung in der Wissenschaft

Die Erklärungen der Quelle zu den seelischen Hintergründen für die wissenschaftliche Blüte im 18. Jahrhundert waren überraschend und erstaunlich zugleich: seelisches Wollen und Können, das sich über viele Inkarnationen aufbaut und von vielen Seelenfamilien getragen wird, das gesellschaftliche Engagement von Menschen mit reifen Seelen sowie die Innenschau und offenbar in Einzelfällen außerordentliche Expertise von Menschen, denen eine sehr gereifte oder alte Seele innewohnt. Wir hatten zudem den Hinweis auf das kosmische All-Ganze erhalten, eine schöpferische Intelligenz, in deren gigantische Dynamik sowohl Seelisches und Geistiges als auch Materie in einem geheimnisvollen Miteinander und in einer gemeinsamen Entwicklung eingewoben sind.

Ein Blick noch weiter zurück, in das 17. Jahrhundert, förderte noch einige Geistesgrößen zutage, in deren Verständnis Schöpfung und Wissenschaft wie selbstverständlich zusammengehörten. Warum hat sich diese Einsicht über die Jahrhunderte so sehr verloren, sodass sie heute erneut in die Wissenschaften getragen werden muss?

René Descartes

Nicht nur Seelen, auch Gedanken sind unsterblich

Von René Descartes (1596–1650) stammt bekanntlich der Satz: Cogito ergo sum. Übersetzt: Ich denke, also bin ich. Dies blieb in seinen Augen als Feststellung übrig, wenn der Verstand alles und jedes kritisch durchleuchtete. Er führte das Selbstbewusstsein – das Bewusstsein über das eigene Selbst – als philosophisches Thema ein. Mit Descartes wird der Leib-Seele-Dualismus[1] verbunden, die Frage, wie der Geist mit dem Körper interagiert, wobei der Geist als der Immaterie zugehörig betrachtet wird. Es sollte eine lange und unendlich vielschichtige Diskussion folgen, bei der Leibniz, 50 Jahre nach Descartes geboren, schon früh für sich die Reißleine zog und einfach behauptete, beide würden gar nicht miteinander interagieren! Was wenig nachvollziehbar war.[2]

Der Gott von Descartes war ein Gott der Lebenden und nicht der Toten. Die denkende Seele sei der Ursprung der Erkenntnis, und auch das Gedächtnis überdauere den Tod. In seinem Buch *Discours de la méthode* leitete er die Existenz eines vollkommenen Schöpfergottes logisch her. Seine Schriften wurden später auf Druck durch den Klerus verboten.[3]

Eva Maria: »Wir möchten mit euch über René Descartes sprechen, der 1596 in La Haye en Touraine, Frankreich, geboren wurde. Er war Naturforscher, Mathematiker und Philosoph.

Mit 23 Jahren hatte er drei Träume, die ihn angeblich dazu bewogen haben sollen, seinen Soldatenrock an den Nagel zu hängen und Philosoph zu werden.[4] Descartes unterhielt u. a. einen Briefwechsel mit der Königin Christina von Schweden, die er auch in Stockholm persönlich besuchte, wo er dann 1650 verstarb.«

Die Quelle: »René Descartes ermöglichte eine neue Art des Gottesbegriffes, auf den später weitere Denker Bezug nehmen konnten. Die Tatsache, dass seine Schriften von der katholischen Kirche nicht anerkannt und sogar auf den Index gesetzt wurden, spricht eigentlich nur dafür, dass ihm in seinem Denken etwas Großartiges und Weitreichendes gelungen ist. Und so war er nicht der einzige große Denker, der von der damals etablierten Theologie und Lehrmeinung abwich und den Versuch unternahm, sich Gott einmal anders vorzustellen.

Descartes stand mit vielen anderen Menschen in regem Austausch, allen voran mit der jungen schwedischen Königin, mit der er über 600 Briefe wechselte. Hier ist – wie ihr unschwer vermuten könnt – eine seelische Verbindung wieder aufgenommen worden. Diese beiden Seelen haben sich aus einem anderen Leben gekannt, in dem sie schon eine Art intellektuellen Austausch gepflegt hatten. Sie hatten beschlossen, in einem späteren Leben noch einmal auf dieser Ebene in Verbindung zu treten und sich über philosophische, aber auch persönliche Betrachtungsweisen des irdischen Lebens auszutauschen.

Descartes war von außerordentlicher intellektueller Kompetenz. Er liebte es, zurückgezogen seinen Gedanken, Theo-

rien und mathematisch-physikalischen Forschungen nachzugehen. Aber er liebte es eben auch, im Austausch mit anderen Menschen zu sein, die ihm Paroli bieten konnten.

Descartes' Seele befand sich damals in einem fortgeschrittenen reifen Alter. Und wie es für Seelen mit dieser Reife durchaus typisch ist, begann Descartes die seinerzeit bestehenden gesellschaftlichen Manifestationen und Theoreme zu hinterfragen. Zu den Aufgaben seiner Seelenfamilie gehört es im weitesten Sinne, Verbindungen zwischen vorherrschenden Theorien herzustellen. Descartes zog damals Verbindungen zwischen verschiedenen Erkenntniswegen wie Mathematik, Physik und Philosophie. Die Verbindung von Algebra und Geometrie war ihm sozusagen qua seiner Seelenfamilie aufgetragen.

Seine Seele empfing aus verschiedensten Quellen Informationen, die in sein Unterbewusstsein eingespeist wurden, so zum Beispiel von Mitgliedern seiner Seelenfamilie, die zur selben Zeit inkarniert waren. Auch konnte Descartes – ähnlich wie später Leibniz – auf geistige Impulse von Menschen zurückgreifen, die außerhalb des westlichen Kulturkreises lebten, zumindest, was Descartes' Ideen über das Licht, den Kosmos und über all das, was in seiner sogenannten Wirbeltheorie grundgelegt war, betraf.

Dass Materie aus Atomen besteht, widersprach dem Denken Descartes', der alles weiterhin als teilbar sah, jedoch widersprach es ihm auch nicht. Heute ist die Materie in ihren kleinsten Einheiten so weit erforscht, dass wir sagen können, dass sie durchaus immer teilbar ist, beziehungsweise dass sie sogar in ihrer kleinsten Einheit gleichzeitig an zwei Orten sein kann.[5] Insofern sehen wir Descartes darin nicht als wi-

derlegt an. Wir sehen ihn als einen großen Vordenker der modernen Kosmologie, da er bereits auf eine sehr intuitive Art erfasste, wie die Materie aufgebaut ist.

Descartes‘ Seele hat sich später – im übernächsten Leben nach jener Inkarnation – noch einmal in ein wissenschaftliches Feld inkarniert und dort in aller Stille das nachvollziehen können, was sie als René Descartes geschaffen hatte. In dieser ebenfalls wissenschaftlichen Existenz wurde der Name jedoch nicht so berühmt und ist auch nicht in die Annalen eurer Geschichtsschreibung eingegangen. Sie ruht derzeit in den jenseitigen Welten und wird sich in nicht allzu ferner Zeit noch einmal inkarnieren. Sie hat sich wieder ein Wissenschaftlerleben vorgenommen und dafür erneut ein Land der westlichen Welt gewählt. Diese Seele sieht die Notwendigkeit, auch zukünftig der Aufgabe ihrer Seelenfamilie, verschiedene theoretische Erkenntnisse zusammenzufügen und zu vereinheitlichen, nachzukommen.«

John Locke

Christliche Nächstenliebe fließt in eine Staatstheorie

Eva Maria: »Wir möchten zeitlich kurz auf Émilie du Châtelet vorgreifen, der Lebensgefährtin von Voltaire, um dann zu John Locke zurückzukommen. Émilie du Châtelet wurde 1706 unter dem Namen Gabrielle Émilie Le Tonnelier de Breteuil in Paris geboren. Ihr Vater nahm eine einflussreiche Stelle am Hof Ludwig des XIV. ein, die Familie war weltoffen. Sie war Mathematikerin, Physikerin und Philosophin der frühen Aufklärung und sie übersetzte Newtons *Principia* ins Französische. Auch setzte sie sich für die Gleichberechtigung von Frauen ein.[6] Châtelet verstarb 1749 in Lunéville nach der Geburt einer Tochter.

Ihr habt uns zu ihr vor einiger Zeit gesagt, dass sie bereits eine Ahnung davon hatte, dass das Gehirn nicht aus sich allein heraus funktioniert und dass es dazu Geist braucht. Ihr sagtet, sie sei den heutigen Kenntnissen über die Neurophysiologie weit voraus gewesen. Könnt ihr das noch einmal präzisieren?«

Die Quelle: »Zu der Zeit, in der Émilie du Châtelet lebte, war das Wissen über das Funktionieren des menschlichen Gehirns noch nicht in dieser Detailgenauigkeit vorhanden wie heute. Die gesamten hirnphysiologischen Prozesse, wie beispielsweise chemische, aber auch feinste elektrische Signale der Nerven und Synapsen, waren noch nicht erforscht.

Aber: Wenn ihr einen Gedanken fasst, so ist dieser Gedanke im Prinzip schon da, bevor er in euer Gehirn Einzug hält. Diese Ahnung hatte Châtelet bereits zu ihrer Zeit. Sie war in ihrem tiefsten Innern davon überzeugt, dass es eine Art außenliegende Instanz und Inspirationen geben muss, damit das Gehirn funktionieren kann.

Wie ihr unschwer vermuten werdet, kann das Gehirn von außen Impulse empfangen, die dann bestimmte Funktionen anregen. Telepathie beispielsweise und mediale Übertragung, wie wir sie praktizieren, indem wir aus den seelischen Welten Impulse an dein Gehirn senden, gehören zur außerkorporalen Inspiration für das Gehirn, welches euer zentrales Lebenswerkzeug ist in der Erfassung der inkarnierten und exkarnierten Welten.«

Émilie du Châtelet soll sich angeblich über den Engländer John Locke lustig gemacht haben, weil dieser Staatsphilosoph an ›Verbalinspiration‹ geglaubt hatte. Dieser lebte früher als Châtelet, von 1632 bis 1704. Locke war Arzt sowie einflussreicher Philosoph und Vordenker der Aufklärung. Er gilt neben Thomas Hobbes (1588–1679) und später Jean-Jacques Rousseau als einer der bedeutendsten Vertragstheoretiker seiner Zeit. Locke berief sich auf ein Naturrecht des Menschen, das er aus der Bibel ableitete und das Recht auf Leben, Freiheit sowie Eigentum umfasste und von den Regierenden zu schützen sei. Seine Gedanken gingen in die amerikanische Unabhängigkeitserklärung und in die französische Verfassung ein.

Als 1690 in London sein vierbändiges Werk *An Essay Concerning Humane Understanding* (auf Deutsch: Eine Abhandlung über den menschlichen Verstand) erschien, stieß es sofort auf kritische Resonanz. Es wurde zu einem Klassiker der empiristischen Erkenntnistheorie. John Locke maß darin der Erfahrung einen besonderen Stellenwert bei. Im Verstand sah er das Vermögen, Wahrnehmungen zu verarbeiten und den Wahrheitsgehalt einer Aussage zu beurteilen sowie Abstraktionen vorzunehmen.[7] Irrtümer auf Erfahrungsebene hielt er für möglich, bewährte mathematische Abstraktionen jedoch für krisenfest – sehr vereinfacht ausgedrückt. Wenn er nun noch von den seelischen Welten gewusst hätte und dass ihre Impulse zu Ideen und Eingebungen führen können, hätte er dies wahrscheinlich mühelos in seine Philosophie integrieren können.

Die Quelle: »Zunächst einmal freut es uns sehr, dass ihr uns noch zu John Locke befragen möchtet, denn dieser Arzt und Philosoph hat eine Verbindung geschaffen, die auch Rudolf Ludwig Carl Virchow auszeichnete. Locke schaute zum einen in den einzelnen Menschen hinein qua seines medizinischen Berufs, zum anderen verfolgte er eine Philosophie, die über die Individualphilosophie hinauswies. Er machte sich Gedanken darüber, wie ein Staat verfasst sein sollte, damit die Menschen gut und gleichberechtigt darin leben können.

Locke bezog seine philosophische Gedankenwelt aus seinem tiefen christlichen Glauben und war deshalb davon überzeugt, dass seine Gedanken und wissenschaftlichen Erkenntnisse aus einer Quelle stammten, die ihm nicht im haptischen Sinne zugänglich war. Er war davon überzeugt, dass es eine Form der Inspiration gibt, die außerhalb des menschlichen Körpers liegt und die von Gott kommt.

Was nun den Unterschied zwischen Émilie du Châtelet und John Locke betrifft, so war Châtelet bezüglich Religion und Religiosität von einer sehr emanzipierten geistigen Haltung. Sie mokierte sich darüber, dass man wissenschaftliche und staatsphilosophische Erkenntnisse aus der Bibel bezog, einem Buch, das dem Bereich der Religion zuzuordnen ist. Für sie war die Verbindung zwischen Religion und Wissenschaft prinzipiell fragwürdig. Aber nichtsdestotrotz hegte sie den Gedanken, dass es dennoch etwas geben müsse, das den Geist inspiriert und das menschliche Gehirn zu seinen großartigen Leistungen bringt.

Kehren wir zu John Locke zurück. Er entstammte – ähnlich wie Descartes – einer Seelenfamilie, die es sich zur Aufgabe gemacht hat, Wissen aus verschiedenen Bereichen zu verbinden. Deshalb war es Lockes Seele auch ein großes Anliegen, religiöse Kenntnisse aus dem Puritanismus, einer sehr strengen religiös-christlichen Form, mit einem eher aufklärerischen und für die damalige Zeit sehr modernen Gedankengut zu verknüpfen. John Locke schuf in der Tat etwas Revolutionäres, denn bis zu jener Zeit waren nur sehr wenige große Denker auf die Idee gekommen, aus der überlieferten Bibel eine Art freiheitliches Denken abzuleiten, das letztendlich dann auch Eingang fand in viele eurer heutigen freiheitlich-demokratischen Verfassungen und Staatsformen. Locke schuf Synergieeffekte zwischen vorhandenem religiösem Wissen und neuen staatstheoretischen Grundlagen.

Ferner war sein Menschenbild von sehr hoher Achtung – um nicht zu sagen: Liebe – geprägt. Er kannte den mensch-

lichen Körper als Arzt und leitete daraus seine Bewunderung für die Schöpfung ab. Wir möchten nicht so weit gehen zu behaupten, dass bei einem Wissenschaftler oder einer Wissenschaftlerin eine grundlegende Liebe zum Menschen vorhanden sein muss. Jedoch werdet ihr unschwer erkennen können, dass Wissenschaftler, Philosophinnen und Politiker, die von einer grundlegenden Sympathie für das menschliche Leben und Achtung vor der gesamten Menschheit geprägt sind, zu weit anderen wissenschaftlichen und staatsphilosophischen Erkenntnissen kommen als jene, die in ihrem tiefsten Innern Verachtung oder auch nur eine gewisse emotionale Gleichgültigkeit gegenüber Menschen empfinden.«

Eva Maria: »Vielen Dank!«

Sir Isaac Newton

Naturgesetze sind nicht in Stein gemeißelt

Im 17. Jahrhundert lebte ein weiterer sehr bedeutender Naturforscher: Isaac Newton. Er beschäftigte sich mit Gravitation und formulierte die Bewegungsgesetze, womit er die klassische Mechanik begründete. Die Herausgabe seiner weltbekannten *Philosophiae Naturalis Principia Mathematica* wurde von Edmund Halley angeregt und später unter anderem auch von Émilie du Châtelet ins Französische übersetzt.

Newton experimentierte mit einem Prisma und fand heraus, dass weißes Licht durch das Glas in seine Farben zerlegt wird. Auch entdeckte er die Infinitesimalrechnung zeitgleich mit Leibniz, was zu einem Streit über die Urheberschaft zwischen den beiden führte. Es heißt, Newton habe sich gerühmt, dessen Herz damit gebrochen zu haben. Wie Leibniz korrespondierte er mit Locke und galt als Kritiker von René Descartes. Die großen Denker jener Zeit standen im interessierten Austausch miteinander, aber sie konnten auch erbittert über ihre Ideen streiten.

Die Phänomene, mit denen sie sich beschäftigten, sind trotz aller Fortschritte größtenteils auch heute noch rätselhaft. Die gegenseitige Anziehung von Massen beispielsweise, die Gravitation, nimmt auf Entfernung zwar ab, besitzt aber unbegrenzte Reichweite.[8] Unvorstellbar! Einsteins Überlegungen dazu im Rahmen seiner allgemeinen Relativitätstheorie: Gravitation ist eine geometrische Eigenschaft der gekrümmten vierdimensionalen Raumzeit! Ebenfalls unvorstellbar! Was Licht genau ist, gibt noch heute Rätsel auf. Ist es nun Welle oder Teilchen? Dieser vermeintliche Gegensatz: Besteht er womöglich nur in unserem Kopf? Wie kann sich das Licht so mühelos durch den Raum bewegen? Hat es vielleicht noch mehr als die bereits bekannten Eigenschaften? Und schließlich eine ganz alte und mit dem Wissen um die seelisch-geistigen Welten neu aufkommende Frage: Wie ist dies alles mit der schöpferischen Intelligenz des All-Ganzen verbunden oder ist es ein Teil von ihr?

Auch Newton formulierte Gedanken zur Theologie. Er hatte die Bibel und die Kirchendogmen gründlich studiert und kam zu dem Ergebnis, dass das Dreifaltigkeitsdogma, rückzuführen auf das Konzil von Nicäa im Jahr 325 und auf den Einfluss vom späteren Patriarchen von Alexandria, Athanasius, ein Irrglaube sei und die christliche Lehre verdorben habe. Er kam zu dem interessanten Schluss, dass Gott die Welt von innen und von außen erfasse und umfasse, dabei Raum und Zeit das Sensorium Dei seien, das Sinnesorgan Gottes, um überall gleich wirksam zu sein.[9] Und er gestand Gott sogar zu, die Naturgesetze nach seinem Willen verändern zu können.[10]

Eva Maria: »Es geht heute um Sir Isaac Newton. Er wurde 1643 in Woolsthorpe-by-Colsterworth in Lincolnshire geboren und starb 1727 in Kensington. Er war vermögend, hat zahlreiche Entdeckungen und Erfindungen getätigt und gilt als einer der größten Wissenschaftler aller Zeiten. Trotz aller Großartigkeit soll Newton seiner Mutter nie verziehen haben, ihn zeitweise zu seinen Großeltern gegeben zu haben. Mit seinem späteren Stiefvater vertrug er sich nicht. Er blieb zeitlebens unverheiratet.«[11]

Die Quelle: »Isaac Newton ist zu den größten Wissenschaftlern seiner Zeit zu zählen, weil er auf den verschiedensten Gebieten neue Gedanken hervorbrachte, die grundlegend waren für nachfolgende Generationen.

Bleiben wir einmal beim Licht. Dass er das Licht als kleine Teilchen – Korpuskeln – sah, ist dem Umstand geschuldet, dass es zu dieser Zeit unmöglich war, das zu denken, was heute innerhalb der Quantenmechanik gedacht wird, nämlich, dass sich bestimmte Teilchen sowohl wie Teilchen als auch wie Wellen verhalten. Es gab zwar die Theorie der Wellen, jedoch wurden Wellen eher anderen natürlichen Phänomenen zugeordnet, wie zum Beispiel dem Wasser.

Die spätere Quantenmechanik ist eine wissenschaftliche Leistung, die immer dann möglich wird, wenn Wissenschaftlerinnen und Wissenschaftler die Fähigkeit besitzen, vernetzt zu denken und die Erkenntnisse aus verschiedenen Bereichen eurer Wissenschaften zusammenzutragen, in Verbindung zu bringen und eine neue Theorie zu formulieren. Wir sagen dies, weil Newton zwar ein sehr großer Denker und Entdecker war, es ihm aber nicht gelang, in eben dieser Qualität Verbindungen zu schaffen und Theorien und Theoreme zu vereinen – dies vermögen nur wir aus unserer Warte zu beurteilen. All seine Grundlagenforschungen waren mehr oder weniger ›linear‹ und wurden erst Jahrzehnte und Jahrhunderte später von anderen Wissenschaftlern zusammengefügt beziehungsweise in andere Gebiete übertragen und verfeinert.

Was nun den Konflikt mit Leibniz betrifft, so vermögen wir zu sagen, dass die Persönlichkeiten der beiden durchaus unterschiedlich waren. Isaac Newton besaß wenig die Fähigkeit, qua seines Unterbewusstseins Kontakte zu anderen Seelen aufzunehmen. Er hatte auch keine sehr ausgeprägte Fähigkeit, wenn es darum ging, mit anderen Wissenschaftlern in einen Diskurs zu gehen oder in einen fruchtbaren Wettstreit zu treten. Er war auf gewisse Art und Weise sehr von sich und seinen Fähigkeiten eingenommen.

In seiner Psyche ruhte eine Art von Abwehr und Bitterkeit, die – aus eurer heutigen Sicht – wohl auch auf seine familiären Verhältnisse zurückzuführen ist. Er war bei seinem Großvater aufgewachsen. Dieser hatte zu dem Kind eine wenig herzliche Beziehung gehabt und hatte sich in der lästigen Pflicht gesehen, den jungen Quäl- und Quergeist zu erziehen. Innerlich lehnte er seinen Schützling mehr oder weniger ab. Diese familiären Einschläge in Newtons jugendliches Leben haben sicher seine Psyche geprägt. Jedoch sind sie nicht als alleinige Ursache seines Wesens zu sehen. Hier spielt eindeutig noch eine seelische Komponente eine große Rolle.

Newtons Seele war eine sogenannte Einzelkämpferin, die sich ungern mit anderen Seelen vereinte. Ihr Weg war darauf ausgelegt, in einsamen Streifzügen Beute zu erlegen, die dann wiederum für andere Menschen Nahrung bot. Dieses Bild haben wir bewusst gewählt, denn so würden wir Newtons Vorgehensweise in wissenschaftlicher Hinsicht bezeichnen. Gleichwohl gab es einige Beziehungen in seinem Leben, die sich im Miteinander befruchtend zeigten. Im Großen und Ganzen jedoch war er ein Einzelkämpfer, der dadurch auch ein großes Ego entwickelte und sich selbst schon zu Lebzeiten als den größten Wissenschaftler aller Zeiten sah. Dazu passt auch, dass es ihm im Rückzug während der Großen Pest gelungen ist, zu großen wissenschaftlichen Erkenntnissen zu kommen. Er hatte kein Problem mit der Einsamkeit in den Gefilden seiner inneren Welten.

Die Seele von Isaac Newton stammt aus einer Seelenfamilie, die es sich zur Aufgabe gemacht hat, Ziele, gleich welcher Art, in einer unglaublichen Stringenz zu verfolgen. Es ist klar, dass Seelen, die diese Aufgabe zu verwirklichen suchen, auch Seelen sein können, die – wie ihr sprichwörtlich sagt –, ›über Leichen gehen‹, weil sie nur eines kennen: das von ihnen gesetzte Ziel und den Weg, wie sie dieses Ziel möglichst schnell erreichen. Mitglieder dieser Seelenfamilie findet ihr noch heute in allen möglichen Lebensbereichen. Es sind immer solche Menschen, die es meistens auf einem Gebiet zu etwas gebracht haben und die ihr bewundert, weil sie so hartnäckig das von ihnen gesetzte Ziel verfolgen können. Es gibt sie im Sport, in den Künsten – bis hinein in eure Religionen, wo sie dann ihr Ziel meist auf eine fanatische Art und Weise verfolgen.«

William Derham

Das Universum zeugt von Intelligenz

William Derham (1657–1735) war ein englischer Geistlicher und Naturforscher. Er forschte auf den Gebieten Naturkunde, Physik sowie Astronomie und maß u. a. die Schallgeschwindigkeit. Sein bekanntestes Werk heißt *The artificial clockmaker.* Darin beschreibt er die Mechanik von Uhren und gibt einen geschichtlichen Überblick über das Uhrmacherhandwerk. Er war – wie Descartes, Newton u. a. – ein Befürworter der sogenannten Uhrmacher-Analogie, die besagt, dass der Bau eines Uhrwerks einen intelligenten Konstrukteur erfordere und deshalb der Kosmos Rückschlüsse auf einen Schöpfer zulasse.[12]

Ferner brachte er Schriften von anderen Forschern heraus, unter anderem von John Ray. Ray hatte sich mit Naturkunde – Tieren und Pflanzen – beschäftigt sowie über die Natürliche Theologie geschrieben. Einfach definiert, meint Natürliche Theologie »die denkerische Durchdringung des Weltzusammenhangs«[13] mit wissenschaftlicher Methodik jenseits von Glauben und Religion.[14] Offenbarungen hatten in der Natürlichen Theologie keinen Platz, denn sie waren nicht erklärbar.

Die Quelle: »William Derham übernahm das Amt des Priesters, um in eine Position zu kommen, die ihm Forschung ermöglichte. Wie sich wissenschaftlicher Fortschritt über seelische Inkarnationsreihen ergibt, lässt sich an William Derham gut beschreiben. In ihm ruhte eine sehr alte Seele.

Seine Neugier bezüglich verschiedener Arten der Tier- und Pflanzenwelt ging in direktem Zug auf eine Inkarnation zurück, in der sich seine Seele als Bauer inkarniert hatte. Der Bauer hatte lange Spaziergänge und Ausritte unternommen, wobei er überrascht und entzückt gewesen war über die Vielfalt der Pflanzen und Tiere. Er versuchte, das, was er sah, aufzuschreiben. Es war eher ein intuitives Sammeln von Eindrücken als ein strukturiertes Beschreiben, zumal er der Schrift nicht besonders mächtig war. Was sich in jenem Leben aber entwickelte, war der große Wunsch der Seele, diesen Phänomenen noch einmal auf den Grund zu gehen, und zwar auf eine besonders ausführliche und – wie ihr heute sagen würdet – wissenschaftliche Weise. Jenes Leben als Bauer lag weit zurück, und es bedurfte noch vieler weiterer Inkarnationen, um schließlich dieses gewünschte Leben als William Derham führen zu können.

In einer weiteren früheren Inkarnation hatte sich Derhams Seele als Seefahrer in einem sehr kräftigen und durchsetzungsfähigen Menschen inkarniert. Die Schiffsreisen dienten damals der Eroberung – ihr würdet sie heute als Piraterie bezeichnen. Was damals bereits zur Orientierung genutzt wurde, war der Stand der Sterne. In der Inkarnation als Seefahrer machte seine Seele sich Gedanken über die Beschaffenheit des Sternenhimmels und wie man ihn für das menschliche Auge sichtbarer machen sowie genauer entschlüsseln konnte. Das Chronometer gab es damals noch nicht.

Es gibt noch ein weiteres interessantes Phänomen bei William Derham. Und zwar versuchte er, seine naturwissenschaftlichen Erkenntnisse in ein religiöses Glaubensgebäude einzubetten. Er kam immer wieder zu dem Ergebnis, dass das, was er entdeckt und erforscht hatte, nur erklärbar sei, sofern es ein All-Ganzes oder eine kosmische Intelligenz gäbe. Diese kosmische Intelligenz verbirgt sich tatsächlich hinter allem, was für euch als Menschen erfahrbar ist – sei es nun direkt über die Sinne, sei es in der Sprache der Mathematik und Physik oder sei es mithilfe von Geräten, wenn ihr – wie es heute bereits möglich ist – mit euren Raumsonden entfernte Planeten ansteuert.

Der Versuch der Einbettung der Wissenschaft in ein theologisches Gedankengebäude wurde kurze Zeit später in der Wissenschaftsgeschichte nicht mehr verfolgt, da sich die Einzeldisziplinen voneinander trennten. Das hat zur Folge, dass es heute nur sehr wenige Wissenschaftlerinnen und Wissenschaftler gibt, die fähig sind, alles in einem Gesamtkontext zu denken. Ein gesamt-theologisch-wissenschaftliches Konzept zu schaffen, war jedoch William Derham damals ein großes Anliegen. In seiner Zeit war dies nichts Ungewöhnliches, fand allerdings auch nicht überall Anerkennung.

Diese Seelenaufgabe nahm seine Seele deshalb noch einmal in ein Leben mit, als sie sich nach eurer Zeitrechnung ca. 100 Jahre später erneut inkarnierte. Sie führte wieder ein wissenschaftliches Leben, das nun aber nicht in die Annalen eurer Geschichte eingegangen ist, denn der damalige Zeitgeist war ein anderer. Das Anliegen William Derhams ist sozusagen in der Versenkung verschwunden.

Die Seele Derhams wird sich noch einmal inkarnieren, um genau diesem Wunsch erneut nachzugehen. Seine Seelenfamilie hatte und hat – denn es haben noch nicht alle Seelenfamilienmitglieder ihre Inkarnationsreihen beendet – die Aufgabe, ferne Ziele in den Blick zu nehmen. Vor dem Hinter-

grund dieser Seelenfamilien-Aufgabe ist es nicht verwunderlich, dass sich eine Seele schon in sehr frühen Inkarnationen Aufgaben vornimmt, die sie einmal in sehr weiter Zukunft verwirklichen will.«

Eva Maria: »Vielen Dank!«

Kapitel 3

Gottfried Wilhelm Leibniz

Eine alte Seele auf ihrem Zenit

Bei unserem Ausflug in das 17. Jahrhundert waren wir auch auf Gottfried Wilhelm Leibniz (1646–1716) gestoßen. Der Mathematiker, Erfinder, Jurist und Historiker beriet Politiker und gilt als einer der bedeutendsten Philosophen des ausgehenden 17. und beginnenden 18. Jahrhunderts. Leibniz war ein wichtiger Vordenker der Aufklärung. Er vertrat die Ansicht, dass aufgrund eines gütigen Gottes die Geschichte des Menschen eine Entwicklung hat, und zwar hin zum Guten. Leibniz hatte damit – entgegen jeglicher bedrückenden Wahrnehmung von Leid auf der Erde – fast hellseherisch etwas Wunderbares geahnt, wofür er sich jedoch viel Spott einfing, unter anderem von Isaac Newton.

Bereits mit acht Jahren hatte sich der junge Leibniz in die Bibliothek seines Vaters geschlichen und sich dort Latein und Altgriechisch selbst beigebracht. Als Erwachsener war sein Gehirn von einem solchen Ideenfluss durchströmt, dass er einmal sagte: »Mir kommen morgens manchmal so viele Gedanken während einer Stunde, die ich noch im Bett liege, dass ich den ganzen Vormittag und bisweilen den ganzen Tag und länger brauche, um sie klar zu Papier zu bringen.«[1] Er lebte sehr zurückgezogen und mönchisch, pflegte dafür aber über 1000 Brieffreundschaften mit Menschen aus der ganzen Welt.

Gottfried Wilhelm Leibniz

Schon beim Aufwachen überfluten ihn Ideen

Eva Maria: »Was sagt ihr zu Gottfried Wilhelm Leibniz?«

Die Quelle: »Gottfried Wilhelm Leibniz war ein Mann der Tat. Ein Mann der Tat in der Hinsicht, dass er alles, was ihm in den Kopf kam, unbedingt auch umsetzen und für die Menschheit nutzbar machen wollte. Deshalb machte er auch viele Erfindungen.

Er war von einem Geist, der einen unmittelbaren Anschluss an den seelisch-geistigen Kosmos hatte. Es ist alles nahezu ungefiltert in sein Gehirn eingeflossen – er wurde quasi von morgens bis abends mit Ideen geradezu beschossen. Dies machte es ihm unmöglich, ein ›normales‹ Leben zu führen, das heißt, verheiratet zu sein, eine Familie zu haben und Kinder zu erziehen, oder einen gewissen gesellschaftlichen Umgang zu pflegen in dem Sinne, dass er auf Veranstaltungen und Treffen jeglicher Art auftauchte.

Sein mönchisches Dasein resultierte also aus dieser enormen Geisteskraft, die anders gar nicht gebündelt werden konnte als im Rückzug und im permanenten konzentrierten Verarbeiten dessen, was an Impulsen bewusst und unterbewusst in Leibniz aufschien. Für Leibniz war es zeitlebens schwer zu fassen, woher dieser Gedankenstrom kam und auf welche Art er in ihm auftauchte. Auch vermochte er noch nicht zu unterscheiden, was davon seelische Inspiration war und was davon ihm aus der geistigen Welt zufloss.

Bleiben wir einmal bei diesem Punkt, den wir als Zugriff auf die kosmisch-geistige Welt[2] *bezeichnen möchten. Leibniz verfügte neben seiner Offenheit für Ideen aus der geistigen Welt sogar über die außerordentliche Fähigkeit, die Gedanken anderer inkarnierter Seelen anzuzapfen. Sein Geist, sein Gehirn, tat dies unbewusst, ohne es zu merken und ohne, dass er diese Inspirationen zuordnen konnte. Zudem war sein seelisches Bewusstsein so hoch entwickelt, dass es Zugriff auf seelische Erkenntnisse aus vielen Inkarnationen hatte. Dieser Mann war vergleichbar einer Antenne, die weit in den kosmischen Raum hineinreicht. Hier wurde alles an seelisch-geistig-kosmischer Intelligenz, was damals vorhanden war, angezapft.*

Leibniz verfügte darüber hinaus über eine außerordentlich hohe Intelligenz, die es ihm ermöglichte, die Wissenschaften seiner Zeit zu studieren und zu verstehen sowie viele Sprachen zu lernen. Dies ermöglichte ihm wiederum, mit geistigen Größen aller Art im Austausch zu sein. Weiterhin lebte er in einem gesellschaftlichen Umfeld, das ihm all dies materiell und mit geistiger Freiheit ermöglichte. Hier kulminierte also alles, was nur kulminieren konnte.

Wir sehen in Leibniz also ein großartiges Beispiel des Zusammenspiels verschiedener Komponenten: 1. das geistige Wissen, das in der Welt geschaffen wird, das in der Welt ewig bleibt und so auch immer wieder abgerufen werden kann; 2. die seelische Inkarnationsreihe und 3. ein Gehirn, das mit einer enormen Intelligenz ausgestattet war. Wobei wir sagen möchten, dass es sich hier weniger um soziale als mehr um wissenschaftlich-theoretische Intelligenz gehandelt hat.

Die Seele von Gottfried Wilhelm Leibniz hatte sich in sehr viele unterschiedliche Kulturkreise inkarniert. In jeder Kultur war es ihr gelungen, die geistigen Strömungen dieser Welt in sich aufzunehmen und diese letztendlich im Leben als Gottfried Wilhelm Leibniz zu vereinen. Leibniz hatte somit Inspirationen und Kenntnisse aus den unterschiedlichsten Kulturen der Erde, die anderen Seelen qua seelischen Wissens nicht verfügbar waren. Deshalb kam Leibniz auch zu der Erkenntnis, dass diese Welt die beste sei. Das ist der eine Punkt, der in den sehr großen und weiten Erkenntnishorizont von Leibniz hineinspielt. Seine Seele hatte es außerdem vorgezogen, sehr viele – aus eurer Sicht – intellektuelle Inkarnationen zu suchen, die es Leibniz dann ermöglichten, seine geistigen, wissenschaftlichen und sprachlichen Fertigkeiten zu verfeinern.«

Eva Maria: »Konnte er deshalb so leicht Sprachen erlernen?«

Die Quelle: »Ihr könnt davon ausgehen, dass in sprachbegabten Menschen fast immer Seelen wohnen, die sich in ihren vorherigen Leben in andere Kulturkreise inkarniert haben und dadurch ein Vermögen besitzen, fremden Sprachen eine große Aufmerksamkeit zu schenken.

Die Inkarnationsreihe von Leibniz' Seele reichte weit zurück. Sie hatte sich bereits in Regionen und Länder inkarniert, in denen die lateinische, die griechische und die arabische Sprache gesprochen wurde sowie auch die chinesische Sprache, was für einen Seelenweg sehr ungewöhnlich ist. Die meisten Seelen lieben es, sich wiederholt in ihren ursprünglich gewählten Kulturkreis oder zumindest auf demselben

Kontinent zu inkarnieren, besonders, solange sie als jüngere Seelen noch von Angst geprägt sind. Sie inkarnieren sich immer wieder gerne dort, wo sie die Lebensumstände und die Sprache kennen. Die Seele von Leibniz war in dieser Hinsicht eine sehr mutige Seele.

Die Aufgabe der Seelenfamilie, aus der Leibniz stammt, lautet: das Wissen der Welt zusammenzutragen. Dies war bis dato und bis etwa in das 19. Jahrhundert hinein nur möglich, indem man sich auf Reisen machte. Musste sich zur Zeit Humboldts[3] *noch einer, der in die Geschichte der Entdecker eingehen wollte, in ferne Länder aufmachen, um Neues zu entdecken, so ist dies aus heutiger Sicht nicht mehr unbedingt erforderlich. Das Wissen der Welt zusammenzutragen, leisten bei euch bereits Maschinen. Das sind eure Computer und Server, die überall auf der Welt stehen. Sie haben einen Teil dieser Aufgabe, wofür sich Seelen in vergangenen Zeiten inkarniert haben, übernommen.*

Wenn ihr nun eine Parallele zu eurer heutigen Zeit zieht, in der sehr vieles im Umbruch ist, in der die Zusammenführung von Wissen eine ganz neue Dimension erfährt, so könnt ihr vielleicht erahnen, in welcher Inkarnation sich eine Seele aus der Seelenfamilie, zu der Leibniz gehörte, heute wiederfinden könnte. Sie würde vielleicht in einem Beruf arbeiten, in dem es darum geht, das Wissen der Welt auf digitalem Wege zu sammeln oder im weitesten Sinne auch in Berufen, die ihr dem Journalismus zuordnet.

Das explosive Anwachsen von Wissen, das euch in eurer heutigen Inkarnationszeit begleitet, hat auch damit zu tun, dass es vorher Seelen gab, die wie Leibniz innerhalb früherer Inkarnationen Wissen gesammelt und gebündelt haben.

Wenn es nun momentan vielleicht keine Persönlichkeit dieser Art mehr gibt, die man als ›Universalgenie‹ bezeichnen könnte, so liegt das daran, dass Wissen für euch heute auf anderen Wegen verfügbar ist und die seelische Aufgabe, das Wissen der Welt zusammenzutragen, auf andere Art und Weise erledigt werden kann.

Durch den großartigen Schub der digitalen Welt und der Künstlichen Intelligenz wird es künftig so sein, dass seelische Aufgaben auf andere Art und Weise wahrgenommen werden, und es wird zu anderen seelischen Aufgaben kommen. Deshalb sagen wir euch auch immer, wie wichtig eure digitale Welt und eure Medienwelt ist, wie wichtig die Künstliche Intelligenz ist, die sich dank einer neuen Technologie über den letzten Jahrtausendwechsel so rasant entwickelt hat.

Kehren wir noch einmal zu Leibniz zurück: Er war ein Mensch von einerseits großer Bedächtigkeit, andererseits hektischer Betriebsamkeit, die sich jedoch weniger in seinem äußeren Leben als mehr in seinem Innern und in seinem so regen Geist abspielte. Leibniz zog sehr viele beglückende Momente aus seinen Geistesblitzen. Es war, trotz so mancher widrigen Umstände, eine sehr beglückende Inkarnation, in der seine Seele die Seelenfamilien-Aufgabe, das Wissen der Welt zusammenzutragen, abschließen konnte.

Leibniz' Seele ruhte sich nach jener Inkarnation sehr, sehr lange aus. Sie hat sich erst im letzten Jahrhundert erneut inkarniert in ein Umfeld, das es ihr erlaubt, sich einerseits weiterhin auszuruhen von der sehr anstrengenden letzten Inkarnation, andererseits jedoch Zugang zum Wissen der Welt zu haben. Die Seele wohnt in einer Frau, die im Bereich der Wissenschaft arbeitet, aber ein sehr zurückgezogenes Leben führt. Sie ist damit beschäftigt, die Gedanken anderer einzuordnen und zu katalogisieren. Sie wird also weniger von Kaskaden aus der geistigen Welt, wie sie über Leibniz damals hereingestürzt sind, geplagt. Sie ist ebenfalls von einer hohen Intelligenz, jedoch weniger intuitiv und kreativ veranlagt.[4]

Es gibt noch viele weitere Aspekte, die sich anhand dieses Beispiels erläutern ließen. Wir möchten euch bitten, noch etwas genauer in Leibniz' Erfindungen hineinzusehen und uns einige Beispiele auszusuchen, die euch interessant erscheinen.«

WICHTIGE ERFINDUNGEN

Akademie der Wissenschaften, Sozialkasse, Chiffriermaschine und Binärsystem

Eva Maria: »Ihr hattet uns gebeten, einige Erfindungen von Gottfried Wilhelm Leibniz auszuwählen. Ich würde euch bitten, zu derjenigen Auskunft zu geben, die für euch am interessantesten erscheint: die Akademien der Wissenschaften, die Sozialkasse für Witwen und Waisen, die Chiffriermaschine für die Überbringung geheimer Nachrichten, das binäre Zahlensystem oder die Rechenmaschine.«

Die Quelle: »Dies alles sind Gründungen und Erfindungen mit zukunftsweisendem Charakter. Was uns an dieser Stelle jedoch am meisten bewegt, ist die Einrichtung der Akade-

mien der Wissenschaften zur Förderung der Forschung. Diese Akademien, die es ja bis heute gibt, bilden den Grundstein für ein förderliches Umfeld, in dem Forschung, Entdeckung und Erkenntnis am wirkungsvollsten stattfinden können. Diese Akademien haben die Funktion, kluge Köpfe aus verschiedenen Disziplinen unter einem Dach zu vereinen und ihnen damit eine Art Forum zu geben, in dem ihr Geist untereinander Kontakt aufnehmen kann – in etwa in Anlehnung an das Vorbild von Leibniz, dessen Geist zum Geist anderer Menschen Verbindung herstellen konnte; ihr würdet dies heute als Telepathie bezeichnen. Die Akademien der Wissenschaften sind sozusagen die Sozialisierung dessen, was Leibniz' Geist aus sich heraus in medialer Weise konnte.

Diese Institutionen haben aus unserer Sicht den wissenschaftlichen Fortschritt mehr befördert als alles andere, was es auf diesem Gebiet gibt. Selbst eure Universitäten vermögen diesen geistigen Austausch nicht so gut zu fördern, da sie in ihren fachlichen Spezialisierungen bereits zu sehr auseinanderdriften. Deshalb möchten wir euch und allen, die uns im Bereich der Wissenschaft hören, raten, den Austausch weiterhin in Foren und Institutionen nach der Idee der Leibnizschen Akademien zu pflegen und hier in einen wertfreien Diskurs zu treten. Nur so kann der menschliche Geist das hervorbringen, was er qua seiner physischen Ausstattung des Gehirns vermag.«

Eva Maria: »Vielen Dank! Wir möchten noch kurz nach Leibniz' Verhältnis zu Frauen fragen. Und wenn ich es richtig vernommen habe, habt ihr bereits das Stichwort ›Dualseele‹ dazu gegeben.«

Die Quelle: »Wie ihr wisst, hat es Leibniz vermieden, intime Kontakte zu Frauen aufzunehmen. Dies hatte nicht nur damit zu tun, mit einem solch überragenden Geist ausgestattet zu sein, sodass kaum Zeit blieb, sich einem Familienleben, der Erziehung von Kindern und so weiter zu widmen. Sondern er hatte bereits in einem seiner zahlreichen Briefkontakte seine Dualseele gefunden. Mit ihr stand er in einem regen geistigen Austausch, nachdem er mit dieser Seele als Mann und Frau in einem vorangegangenen Leben in Liebe und körperlicher Vereinigung verbunden gewesen war. Die beiden Seelen hatten schon damals den Wunsch entwickelt, sich noch einmal zu treffen.

Der von uns benutzte Begriff ›Dualseele‹ bezeichnet solche Seelen, die sich im Laufe ihrer Inkarnationen immer wieder begegnen und deshalb eine sehr enge Beziehung zueinander haben. Sofern es die Möglichkeit gibt, sich in einer gleichzeitigen Inkarnation zu finden, finden sie sich auch. Es gibt Dualseelen-Paare, die bereits vor der ersten Inkarnation miteinander verabreden, gewisse Abschnitte ihrer Inkarnationsreihen gemeinsam zu gestalten, um so bestimmte Aufgaben besser erfüllen zu können. Diese Dualseelen-Paare – wir könnten auch ›verknüpfte Seelen‹ sagen – gibt es immer dann, wenn zwei Seelen ihren Auftrag besonders gut erfüllen möchten.

Die Dualseele, die zu Leibniz gehörte, hatte sich in einer Frau inkarniert, die sehr weit entfernt von ihm lebte. Es gab zu ihr, außer einer einmaligen Begegnung, nur briefliche Kontakte. Aufgrund der Verknüpfung mit ihr in vergangenen Leben konnte Leibniz mit ihr darüber hinaus auf telepa-

thischem Wege Austausch pflegen. Und so hatte diese Seele enormen Einfluss auf das, was Leibniz schuf. Ihr könnt euch vorstellen, dass große Geister oft auf diesem Wege Inspirationen empfangen haben. Allerdings vermochten sie diese nicht immer zu versprachlichen, da es zu ihrer Zeit noch nicht dieses Wissen darüber gab, welches euch heute zugänglich ist und von medialen Quellen übermittelt wird. Insofern ist das Wissen über telepathischen Austausch ein weiterer Schritt zur seelisch-geistigen Erkenntnistheorie.

Wenn Menschen zu ganz besonderen Entdeckungen und Erfindungen kommen, so kann ein Grund dafür in den Begegnungen liegen, die sie innerhalb ihrer Inkarnationsreihe gehabt haben oder – wie bei Leibniz – darin, dass sich zwei Seelen bereits vor der ersten Inkarnation verabredet haben, um sich im Laufe ihrer Inkarnationen immer wieder zu ergänzen und zu inspirieren.

Es war der Geist eben dieser Frau, der Leibniz dazu inspirierte, eine soziale Einrichtung ins Leben zu rufen. Sie war selbst Witwe und wusste, wie schwer das Leben sein kann, wenn eine Frau ihren Partner verliert und allein für ihre Familie zu sorgen hat. Sie war zwar in einer etwas höher gestellten gesellschaftlichen Position und hatte daher keine materiellen Probleme, wie sie Witwen aus anderen Gesellschaftsschichten hatten. Aber sie vermochte solcherlei Ungerechtigkeiten oder Benachteiligungen aufzuspüren. Es war ihr Wunsch, hier Möglichkeiten der Hilfe zu schaffen, beziehungsweise ungerechte gesellschaftliche Zustände zu verändern. Deshalb kam es zu dieser Inspiration. Und wir wagen zu sagen, dass die Sozialkasse für Witwen und Waisen nicht allein aus Leibniz' grandiosem Geist entsprang.«

Eva Maria: »Vielen Dank! Nun geht es um die Chiffriermaschine *machina deciphratoria*.«

Die Quelle: »Methoden zur Überbringung von verschlüsselten Nachrichten gab es damals schon; Leibniz erfand dafür aber eine neue Maschine.

Eine Maschine zu bauen, mit der man etwas aufschreiben kann, ist zwar sehr wichtig, aber sie so weiterzuentwickeln, dass verschlüsselte Botschaften übermittelt und wieder entschlüsselt werden können, war hier das, was wir die große Leistung von Leibniz nennen würden. Wenngleich es auch früher schon Möglichkeiten gab, verschlüsselte Botschaften zu überbringen, so kann man doch sagen, dass mit Leibniz' Erfindung der Grundstein für funktionierende politische Geheimdienste geschaffen wurde.

Wenn also etwas Neues in eurer Wissenschaftsgeschichte geschieht, so spielen häufig zwei Faktoren zusammen. Es ist etwas bereits in der Welt, das von einem anderen Menschen weiterentwickelt und so verfeinert wird, dass es letztendlich zu einer großen Erfindung wird mit großen Auswirkungen.«

Eva Maria: »Was sagt ihr zum Binärsystem und zur Rechenmaschine?«

Die Quelle: »Es ist offensichtlich, was Leibniz hier grundgelegt hat. Er erfand eine Rechenmaschine, die auf dem binären Zahlensystem beruht, das später zur Grundlage für eure digitale Welt wurde. Zu Lebzeiten von Leibniz hätte kein Mensch gewagt, daran zu denken, dass es einmal Rechenmaschinen geben wird wie eure Computer, welche die komplette

Logistik in euren Fabriken und anderen Institutionen steuern können, und dass es einmal zu so etwas wie eure heutige digitale Welt kommt.

Grundlagenforschung ist von eminenter Wichtigkeit, denn Wissenschaft schreitet fort. Wissenschaft braucht die Zeit im Rahmen eurer raumzeitlichen Existenz, um zu immer neueren Erkenntnissen zu kommen. Will heißen: Was heute in der Grundlagenforschung hervorgebracht wird, mag zunächst kein bahnbrechender Erfolg sein, unter Umständen werden die Resultate erst viel später erscheinen. Das Beispiel der Entwicklung von Leibniz' Rechensystem bis hin zu digitalen Technologien mag euch verdeutlichen, wie lange es dauern kann, bis es zu Erfindungen kommt, die im Grunde genommen auf einer ganz alten Erkenntnis aufbauen.

Dass ihr heute leistungsfähige Computer habt, liegt auch daran, dass weitere Menschen noch viele andere Komponenten für das Gelingen dieser Maschinen erforscht, entdeckt und entwickelt haben – und zwar auf allen Gebieten, und sei es nur, dass ein spezielles Material entdeckt wurde, welches beim praktischen Einsatz der Computertechnologie von Bedeutung ist.«

Eva Maria: »Noch eine ganz andere Frage: Was könnt ihr aus seelischer Sicht zur Mathematik sagen – auch vor dem Hintergrund, dass die Physik heute versucht, den gesamten Kosmos über Computer und Mathematik zu erfassen?«

Die Quelle: »Der Versuch, den Kosmos über Zahlen und ihre Verbindungen zueinander zu erfassen, ist nichts anderes als die Abbildung des Kosmos in einer Abstraktion. Mathema-

tik ermöglicht euch, in nahezu allen Bereichen eures Lebens Fortschritte zu erzielen. Mit ihr ist es möglich, eure praktischen Lebensaufgaben zu bewältigen, angefangen bei Bezahlsystemen für Dienstleistungen, über die Statik beim Bau von Häusern, bis hin zum World Wide Web und der Künstlichen Intelligenz. Ohne dieses Abstraktionssystem wäre der menschliche Fortschritt in dieser Form nicht möglich gewesen. Mathematik ermöglicht euch das Erfassen eurer Welt auf einem anderen Weg als über eure Sinne.

Auch in der Geschichte der Mathematik hat das Anwachsen des seelischen Bewusstseins der gesamten Menschheit dazu geführt, dass ihr heute über komplexe Anwendungsformen verfügen könnt, von denen Menschen vor 2000 Jahren nicht einmal ansatzweise träumen konnten. Das heißt also, um eure Frage zu beantworten: Ja, auch die Mathematik hat Wurzeln im gesamtseelischen Bewusstsein der Menschheit, das in Jahrtausenden angestiegen ist.«

Wichtige Nachfolger auf dem Weg zum Computer
Babbage, Zuse, Mauchly und Turing

Computer, Digitalisierung und Künstliche Intelligenz – sie gehören zu den heutigen komplexen Anwendungsformen der Mathematik, von denen die Quelle spricht. Aber was musste noch entdeckt und erfunden werden, bis es so weit war? Die Quelle bat uns, nach Denkern zu suchen, die die Entdeckungen und Erfindungen von Leibniz möglicherweise weiterentwickelt hatten. Wir stießen zunächst auf den englischen Mathematiker Charles Babbage. Babbage erfand die Rechenmaschine *Analytical Engine* – dies mehr oder weniger in einem abendlichen Wachtraum, bei dem er sich dachte: »Diese Logarithmentafeln, die müsste es doch auch als Maschine geben!«

Eva Maria: »Wir möchten heute gerne über den Engländer Charles Babbage sprechen, der Mathematiker und Erfinder war und von 1791 bis 1871 lebte.«[5]

Die Quelle: »Charles Babbage arbeitete in jener Inkarnation zum ersten Mal wissenschaftlich. Es gab aus den Vorinkarnationen seiner Seele wenige Anstöße oder Anlässe, die darauf hätten schließen lassen, dass er eines Tages ein so bedeutender Erfinder sein würde.

Es ist in seinem Leben etwas geschehen, das nicht allen Wissenschaftlern – um nicht zu sagen, nur wenigen – zuteil-

wird: In diesem Moment, als er in einer Art Wachtraum, wie er es beschrieben hat, in seinem Club saß und ihm die zündende Idee zu der Differentialmaschine kam, waren sein Unterbewusstsein und sein Bewusstsein so weit geöffnet, dass sie Impulse aus den gesamt-seelisch-geistigen Welten empfangen konnten. Dies ist für uns ein erneutes Beispiel, wie die seelische Entwicklung der Menschheit und die Wissenschaftsgeschichte zusammenhängen.

Dass es danach noch einmal fast 100 Jahre gedauert hat, bis die Grundlagen für die Computertechnik geschaffen wurden, und zwar durch Konrad Zuse, liegt auch daran, dass die Zeitepoche dazwischen von gesellschaftlichen Umbrüchen geprägt war. Es gab in Europa einige Kriege, die dazu führten, dass Bereiche der Wissenschaft und des menschlich-gesellschaftlichen Fortschritts zum Erliegen kamen.«

Konrad Ernst Otto Zuse wurde 1910 in Deutsch-Wilmersdorf, heute Berlin, geboren. Er war schon als Junge ein Tüftler. So konstruierte er einen kleinen Verkaufsautomaten; gegen Geld gab es Obst und Wechselgeld. Später wurde er Bauingenieur, Erfinder und Unternehmer. Mit seiner Entwicklung der Z3 im Jahre 1941 baute Zuse den ersten funktionsfähigen Computer der Welt. Er soll gesagt haben, dass er zu faul zum Rechnen sei.

Ihm gelang es, bei anderen Menschen Begeisterung für seine Anliegen zu wecken, sodass sie Geld und Arbeitskraft in seine Projekte steckten. Dringende Reparaturen am Wochenende an einem seiner verkauften Rechner verband er mit einem Familienausflug. Später begann er noch zu malen. Er übergab ein selbstgemaltes Portrait von Bill Gates diesem auf der Cebit 1995. Angeblich hängte es Bill Gates in seinem Büro auf. Zuse starb 1995 in seiner Wahlheimat Hünfeld in Hessen.[6]

Eva Maria: »Wie seht ihr Konrad Zuse?«

Die Quelle: »Konrad Zuse war – wie andere bereits vor ihm – ein Mann der Tat. Er band seine gesamte Familie in seine Bemühungen ein, eine Maschine zu erfinden, die das kann, was vorher nur der menschliche Geist in Verbindung mit dem Gehirn vermochte. Er war voller Esprit und Witz und näherte sich seinen Aufgaben immer wieder mit Selbstironie. Dadurch kam es auch zu diesem Spruch, eigentlich zu faul zum Rechnen zu sein. In der Faulheit lag eine Verweigerung von dem, was eigentlich zu tun war, und selbst darin schlummerte eine gewisse Art von Fortschritt. Manchmal gelingt so die Suche nach Auswegen und das Finden von neuen, kreativen Lösungen.

Konrad Zuse hatte schon früh in seiner Kindheit Impulse empfangen, die darauf hindeuteten, dass er einmal an der Erfindung eines großartigen neuen Gerätes beteiligt sein wird. Es ist auch bei ihm ein sehr differenziertes Zusammenspiel zu sehen von seelisch-geistigen Welten sowie Geist und Gehirn.

Genauer beschrieben: Impulse aus den seelischen Welten kommen durch die Seele und verankern sich in eurem ›Bauchhirn‹ – wir möchten es einmal so nennen. Im Bauchhirn ruht im Wesentlichen das Unterbewusste und das in das Unterbewusste Eingespeiste. Nun gibt es noch die Zirbeldrüse, die eine Verbindung schafft zwischen dem Bauchhirn und eurem

Gehirn. Die Impulse aus der geistigen Welt verankern sich in der Regel auf direktem Wege in eurem Gehirn.

Die Geschichte der Menschheit ist eine Geschichte des Fortschritts in dem Sinne, wie es dieses Wort auch in seiner ursprünglichen Bedeutung meint: als Fortschreiten der seelischen und geistigen Erkenntnis. Dass es nun immer wieder – in euren Augen – zu Rückschlägen kommt, liegt daran, dass ihr als Menschheit in eurer zeitlichen Dimension begrenzt und nach wie vor dem Gesetz der Dualität unterworfen seid. Stellt euch an dieser Stelle ein vor- und zurückschwingendes Pendel vor. Dieses Pendel schlägt aus unserer Sicht immer weniger aus, je weiter die Zeit voranschreitet. Der kosmische Bewusstseinsschub wird irgendwann einmal so weit vorangeschritten sein, dass es quasi stillsteht und eine andere, neue Form des Fortschritts beginnt.«

Eva Maria: »Ich erhalte nun das Bild eines Plateaus, auf dem sich Wasser in leichten Wellen konzentrisch ausbreitet. Vielen Dank dafür! Wir können uns jedoch noch nicht so recht vorstellen, wie Impulse aus den seelisch-geistigen Welten zu Erfindungen führen.«

Die Quelle: »Stellt euch die Impulse aus den seelisch-geistigen Welten als Zahlen vor. Diese Zahlen kommen nun in das Bewusstsein eines Menschen, wie zum Beispiel hier Konrad Zuse, der es vermag, aus den einzelnen Zahlen etwas Neues zu kreieren. Es ist in der Regel nicht so, dass komplett ausformulierte Gedanken, die möglicherweise ein anderer Geist gedacht hat, direkt in das Gehirn eines Denkers oder einer Forscherin einfließen. Es sind vielmehr Impulse, die sie oder er auffängt und zu einer neuen Theorie oder Erfindung umformen kann.

Alles ist mit allem vernetzt, und was in einer fernen Ecke der Welt gedacht wird, fließt in den geistigen Kosmos ein, der wiederum von anderen Menschen ›angezapft‹ werden kann. Entdeckungen und Erfindungen entstehen also immer in einer Synthese aus dem, was ins Wach- und ins Unterbewusstsein eingespeist wurde.

Das beginnt schon in der Kindheit. Nehmen wir das Beispiel eines Kleinkindes, das aus Bauklötzen einen Turm baut. Sein Wachbewusstsein lernt, die Klötze so aufeinanderzusetzen, dass sie nicht mehr herabfallen. Eure Psychologen nennen diesen Vorgang: Lernen durch ›trial and error‹, durch Ausprobieren. Nun kann es aber durchaus sein, dass ein junges Gehirn Impulse aus den seelisch-geistigen Welten empfängt und dass dadurch die sogenannte Lernfähigkeit des kleinen Menschen befördert wird. Das Kind beherrscht das Turmbauen nun sehr schnell oder baut einen besonders originellen Turm.

Wissenschaftlerinnen und Wissenschaftler würden sagen, dass dies an der Intelligenz des Kindes liege. Wir könnten aber genauso gut sagen, dass es an der Bereitschaft des kleinen Menschen liegt, sich dem seelischen und geistigen Bewusstsein zu öffnen. Und nun gilt wieder: Reife und alte Seelen sowie das allgemein angestiegene seelisch-geistige Bewusstsein, das sich mittlerweile mit kosmischen Energien verbindet und vernetzt, führen zu besonderen Ergebnissen schon bei Kindern.«

William Mauchly (1907–1980) wirkte unter anderem an der Entwicklung des ENIAC mit – dem ersten Universalrechner – und beschäftigte sich auch mit Wettervorhersagen, für die es der Auswertung vieler Messdaten mit Rechnern bedarf. Mauchly schuf damit praktisch die Grundlage für das zukünftige Climate Engineering oder Geo-Engineering, von dem die Quelle bereits angedeutet hatte, dass die Menschen es entwickeln und erfolgreich nutzen werden.[7]

Eva Maria: »Wir denken, dass in diese Reihe von Erfindern auch noch der amerikanische Physiker und Computer-Ingenieur John William Mauchly gehört.«

Die Quelle: »John William Mauchly hat die Grundlagen für genaue Wetterbeobachtungen und die heutigen computerbasierten Wettervorhersagen geschaffen. Ihr könnt jedoch mit eurem immer noch begrenzten Wissen noch nicht alle Parameter berücksichtigen, die sich – über meteorologische Ereignisse hinausgehend – aus der Dynamik des kosmischen Raumes ergeben. Das heißt nun nicht, dass beispielsweise die heutigen Prognosen zur zukünftigen Erderwärmung falsch wären. Im Gegenteil, sie zeigen eine richtige und höchst wichtige Tendenz an. Ihr tut gut daran, dem Stand der Wissenschaft Glauben zu schenken und hier nach Möglichkeiten zu suchen, wie ihr der klimatischen Veränderung, die eurem Planeten Erde droht, entgegenwirken könnt.

Nichtsdestotrotz gibt es Parameter, die ihr derzeit noch nicht erkennen könnt und die in absehbarer Zeit auch noch eine Rolle spielen werden bei dem, was in Ansätzen als sogenanntes Climate Engineering bereits entwickelt worden ist und noch in den Kinderschuhen steckt. Wir möchten euch an dieser Stelle noch einmal aufrufen, den Fortschritten der Wissenschaft Glauben zu schenken und sie in allen Bereichen und in allem Maße zu fördern.

Das bedeutet auch, dass ihr eure Gesellschaften so gestalten solltet, dass Menschen, die sich dem wissenschaftlichen Fortschritt und dem Gemeinwohl widmen, gefördert werden. Wohlgemerkt, hier geht es nicht nur um den Wissenschaftsbereich, sondern es ist wichtig, dass ihr Gesellschaften entwickelt, in denen ein materiell gesichertes Zusammenleben und kreatives Arbeiten aller Menschen möglich ist.

Wissenschaftlicher Fortschritt gedeiht also aus unserer Sicht hauptsächlich in freiheitlich-westlichen Demokratien. Er gedeiht in Ländern und Staaten, wo Forschende frei von staatlicher Repression oder finanziellen Interessen von Auftraggebern arbeiten können. Das, was in der Französischen Revolution grundgelegt wurde – Freiheit, Gleichheit und Brüderlichkeit – muss und soll heute und auch morgen gelten. Diese Werte sollten die Grundlage auch für neue Gesellschaftsformen sein, die über eure derzeitigen Demokratiemodelle hinausweisen.«

In dem englischen Logiker, Mathematiker und Informatiker Alan Mathison Turing, geboren 1912 in London, fand sich ein weiterer interessanter Erfinder. Er war faszinierend: In seinem großen Interesse für alles, was mit Logik und Systematik zu tun hatte, entschlüsselte er für die englische Regierung im zweiten Weltkrieg Funksprüche der Deutschen, entwarf ein Schachprogramm und wurde zu einem der größten Theoretiker der frühen Computerentwicklung überhaupt. Nach ihm wurde die bedeutendste Auszeichnung der Informatik benannt, der Turing Award, und es gibt einen Test zum Überprüfen des Vorhandenseins von Künstlicher Intelligenz namens Turing-Test.

Sein Leben endete tragisch: Wegen seiner Homosexualität wurde er zu einer chemischen Kastration verurteilt, was ihn depressiv machte. Er beging 1954 Suizid.[8]

Eva Maria: »Uns bewegt das Schicksal von Alan Turing sehr.«

Die Quelle: »Alan Mathison Turing war eine Ausnahmegestalt. Er vermochte es, ähnlich wie Leibniz, in seinem Geist sehr viele Strömungen aus den seelisch-geistigen Welten aufzunehmen und einzubeziehen. Er lag mit seinem Intelligenzquotienten weit über dem Durchschnitt der damaligen Zeit. Schon ab dem dritten Lebensjahr beschäftigte er sich mit räumlicher Vorstellung und interessierte sich für alles, was dazu dient, Dreidimensionales in Zahlen zu fassen und anhand von Zeichnungen zu verbildlichen. Dies ist jedoch nie überliefert worden. Er widmete sich später als Jugendlicher mit einer außerordentlichen Hingabe dem, was ihn in seinem Kopf beschäftigte. Er war zudem von großer Zähigkeit und Zielgerichtetheit.

Wir vermögen aus seelischer Sicht zu sagen: Hätte er die Möglichkeit gehabt, länger zu leben und in einer von Repressionen befreiten Umgebung zu forschen, so wäre das, was er entdeckt und erfunden hat, noch in weitaus größeren Dimensionen von ihm weiterentwickelt worden und in eure Gesellschaften eingegangen.

An seinem Beispiel könnt ihr sehen, wie schmerzlich der wissenschaftliche Stillstand sein kann, wenn die gesellschaftlichen Voraussetzungen nicht da sind, um ein Talent dieser Größe sich entfalten und ohne Repressionen leben zu lassen. In seelisch-karmischer Hinsicht sind hier die Schulden beglichen worden dank Königin Elisabeth II., die Alan Turing rehabilitierte und einige Jahre später die Gesetze für Homosexuelle liberalisierte.

Turings Eltern hatten für eine Weile in Indien gelebt.[9] *Es ist in Turing zu einer Art von interkulturellem Austausch mit Indien gekommen, der nur innerhalb der seelisch-geistigen Welten stattfand. Seine Seele stand darüber hinaus konkret im seelisch-geistigen Austausch mit einer Person im damaligen Indien, die sowohl die Mathematik als auch die Mystik betreffend seelisch-geistig sehr hochentwickelt war. Diese Person, die aus seiner Seelenfamilie stammte, gab ihm wesentliche Impulse, um im Bereich der Infinitesimalrechnung voranzukommen.*

Hier kommt ein neuer Aspekt hinzu, den wir bisher in der Besprechung von großen Denkern noch nicht in dieser Form darstellen konnten: Wenn mehrere Seelen aus einer Seelenfamilie beschließen, auf einem ähnlichen Gebiet tätig zu sein, spielt es keine Rolle, zu welcher Zeit sich diese Seelen inkarnieren, um telepathisch miteinander in Verbindung stehen zu können. Diese seelisch-gedankliche Verbindung reicht weit über die Zeitschiene hinaus, denn Seelengeschwister können sich über zeitversetzte Inkarnationen hinweg verständigen.

An diesem Beispiel ist wieder erkennbar, wie groß die Möglichkeiten in den seelisch-geistigen Welten sind. Und wie umfangreich der euch noch nicht bewusste Bereich dazu bei-

trägt, dass die Entwicklung der Menschheit voranschreiten kann.«

Eva Maria: »Was sagt ihr zu Turings tragischem Ende?«

Die Quelle: »Homosexualität hat ihre Ursachen in eurer Biologie. Es hat sie in der Geschichte der Menschheit immer gegeben und es wird sie in der Geschichte der Menschheit immer geben. Wir wagen sogar zu sagen, dass sowohl weibliche als auch männliche Homosexualität nun vermehrt auftreten werden, denn sie haben auch eine Aufgabe innerhalb der menschlichen Entwicklung. Sie sollen euch immer wieder vor Augen führen, dass Andersartigkeit kein Makel ist, dass es in der Menschheit eine Vielfalt gibt, die – wenn ihr diese Formulierung wählen möchtet – ›gottgewollt‹ und in jeglicher Hinsicht zu achten ist.

Alan Turing hat nicht nur innerhalb seines Wissenschaftsgebiets den menschlichen Fortschritt beflügelt, sondern auch die Menschheit einen kleinen Schritt weitergebracht dadurch, dass anhand seines Beispiels offengelegt wurde, wie fatal es sein kann, Menschen wegen ihrer sexuellen Neigung oder sonstiger Andersartigkeit zu diskriminieren und in ihren Lebensmöglichkeiten zu beschneiden.«

Die freie Enzyklopädie Wikipedia

Dank an Jimmy Wales und Lary Sanger

Eva Maria: »Wir stützen uns bei unserem Nachlesen häufig auf Wikipedia, eine freie Enzyklopädie im Internet, die vor allem von zwei US-Amerikanern ins Leben gerufen wurde. Der eine ist Jimmy Donal ›Jimbo‹ Wales. Er wurde 1966 in Huntsville, Alabama geboren. Im Alter von vier Jahren soll Wales zu lesen angefangen haben – am liebsten in der *World Book Encyclopedia*, die seine Mutter von einem freien Handelsvertreter erstanden hatte.[10]

Der zweite ist Lawrence Mark ›Larry‹ Sanger. Er wurde 1968 in Bellevue, Washington geboren und studierte Philosophie.[11] Wir möchten wissen, ob es aus eurer Sicht okay ist, wenn wir in dieser Quelle recherchieren und auch aus ihr zitieren?«

Die Quelle: »Die Quelle Wikipedia ist eine einzigartige Informationsmöglichkeit, die sich euch in eurer heutigen Inkarnationszeit bietet. Sie konnte nur entstehen, weil es eben diese beiden großartigen Geister Wales und Sanger gibt.

Wir sehen keinerlei Gründe, warum ihr dieses Instrument nicht nutzen solltet, um Fragen zu generieren, mithilfe derer wir euch noch mehr Auskünfte über die jeweiligen Personen geben können. Im Gegenteil, wir danken Jimmy Wales und Larry Sanger dafür.

Wikipedia ist ein materiell-digitales Beispiel dafür, was geschehen kann, wenn sich Wissen aus verschiedenen Quellen speist. Es ist zu eurer Inkarnationszeit das materiell-digitale Abbild dessen, was innerhalb der seelisch-geistigen Welten schon seit Jahrtausenden möglich ist.«

Kapitel 4

Zu Gehirn, Seele, Geist und Psyche

Wie alles zusammenhängt ...

Wie dürfen wir uns das Miteinander von Gehirn als Materie, einerseits, und die schwer zu begreifenden Phänomene Seele, Geist und Psyche, andererseits, vorstellen? Eine Frage, die sich die Gehirnforschung und die Psychologie schon seit langem stellen.

Eva Maria: »Wir würden gerne wissen, wie Gehirn, Seele, Geist und Psyche zusammenhängen.«

Die Quelle: »Wir danken euch für diese präzisierende Frage. Beginnen wir mit der Schnittstelle zwischen biologischem Gehirn und Geist. Ganz einfach gesagt: Das Gehirn ist Materie, der Geist ist Immaterie oder feinstoffliche Materie. Das Gehirn ist ein lebendiger Organismus im biologischen Sinne, der Geist ist dies nicht. Der Geist ist also Immaterie, die es vermag, Prozesse im biologischen Gehirn anzuregen und in einem erweiterten Sinne auch zu steuern.«

Die Schwingungen der Immaterie

Wie Seele und Geist unser Denken beeinflussen

Die Quelle: »Wir gehören zu den seelischen Welten und damit zur Immaterie, ebenso wie das, was wir Geist und Seele nennen. Treffen nun Schwingungen der Immaterie auf das Gehirn, so vermögen diese Schwingungen – sei es nun die Seele, sei es nun der Geist, seien es andere kosmische Schwingungen – bestimmte Signale in eurem Gehirn auszulösen, die dann dazu führen, dass ihr a) Gedanken fassen könnt, dass ihr b) visuelle innere Bilder bekommt und dass c) euer Gehirn körperliche Bewegungen so in Gang setzen kann, dass ihr zum Beispiel eure Gliedmaßen bewegt.*

Beispielsweise bestand der Geist von Gottfried Wilhelm Leibniz aus immateriellen Schwingungen, die sowohl aus seiner seelischen Inkarnationsreihe als auch aus dem geistigen Kosmos der Menschheit stammen konnten. Der geistige Kosmos der Menschheit besteht aus allen individual-geistigen Kosmen von allen Menschen, die je gelebt haben. Das Geistige ist in der Welt, seit es Menschen gibt. Der Geist vervollkommnet und verfeinert sich, seit es Menschen gibt. Er ist eine immaterielle Schwingung, die mit der Entwicklungsgeschichte der Menschheit stetig anwächst.[1]

---

*Wir nehmen die Bezeichnung ›Immaterie‹ zur Kenntnis und dass sie aus ›Schwingungen‹ besteht. – Dies scheint kein Widerspruch dazu zu sein, dass an anderer Stelle von ›Bewusstseinsenergie‹ gesprochen wird.

Seele und Geist können sich gegenseitig speisen. Es besteht also zwischen diesen beiden feinstofflichen Schwingungsebenen ein stetiger Austausch. Deshalb ist es auch nicht so einfach, hier eine scharfe Trennlinie zu ziehen. Die Seele hat – auch während sie inkarniert ist – Kontakt zu ihrer Seelenfamilie und vermag es, zu anderen exkarnierten Seelen Kontakt aufzunehmen.

Die beiden Schwingungsebenen sind wie ein zweilagiger Stoff. Der Geist ist noch feinstofflicher als die Seele. Diese Stoffe aus einem sehr feinen und aus einem noch feineren Gewebe liegen aufeinander und berühren sich. Stellt euch vor, der Mensch kleidet sich mit diesem zweilagigen Stoff, so werdet ihr unschwer sehen können, dass es immer wieder Druck- und Reibungspunkte zwischen Geist und Seele gibt, und natürlich gibt es auch Berührungspunkte zu eurem physischen Körper. Es entsteht eine stetige Wechselwirkung – ein stetiger Austausch zwischen Gehirn, Seele, Geist, Körper und dem, was ihr heute Psyche nennt oder den ›emotionalen Körper‹. Hier ist eine absolute Trennschärfe nicht möglich.

Die geistige feinstoffliche Energie, also das, was ihr Geist nennt, kann in verschiedenen Gehirnregionen ihren Eingang in euer Denken finden und in das, was ihr Intelligenz nennt. Da ist zum einen die Fähigkeit der Versprachlichung. Da ist zum anderen die Fähigkeit der Abstraktion, wie sie in fast allen naturwissenschaftlichen Disziplinen erforderlich ist. Und da ist zum dritten die Fähigkeit des vernetzten Denkens, das heißt: das Verbinden von ähnlichen, aber auch vermeintlich widersprüchlichen und unterschiedlichen Wahrnehmungs-Phänomenen und Erkenntnissen.

Was nun mit der Erhöhung des gesamten kosmischen Bewusstseins zusammenhängt, von der wir immer wieder zu euch sprechen, ist, dass die Gehirne der Menschen sozusagen einen Turboschub bekommen werden und teilweise schon bekommen haben in der Generation der nach der Jahrtausendwende Geborenen. Deren Gehirne sind teilweise zu weitaus größeren Leistungen fähig als die Gehirne der bisherigen größten Denker und Wissenschaftlerinnen. Insofern gibt es also jetzt einen doppelten Bewusstseinsschub. Zum einen sorgt die Evolution dafür, dass sich eure Körper verändern, und dies geschieht zuallererst in euren Gehirnen. Zum anderen ist das seelische und geistige Bewusstsein durch die Menschheitsgeschichte angewachsen.

In der Verknüpfung von neuer ›Hardware‹ und erweiterter ›Software‹ – in übertragenem Sinn – wird die Menschheit weitere Fortschritte machen. Ihr könnt euch das in etwa so vorstellen, wie wenn ihr einen besseren Computer kauft und eine weitaus verbesserte Software installiert. So ähnlich funktioniert das Zusammenspiel von biologischer Materie, in diesem Fall euren Gehirnen und menschlichen Körpern, und den seelisch-geistigen Welten und was wir kosmische Welten nennen. In den kosmischen Welten befinden sich noch weitaus mehr Energien als in den geistig-seelischen Welten.«

Eva Maria: »Es ist immer noch nicht fassbar für mich, was nun diese geistige Welt im Vergleich zu den seelischen Welten ist?«

Die Quelle: »Wenn wir einmal bei der Definition bleiben, dass die seelischen Welten a) aus inkarnierten und aus ex-

karnierten Seelen bestehen und b) aus Seelen, die nicht inkarniert sind und es auch vorziehen, nicht zu inkarnieren, so ist im Unterschied dazu die geistige Welt all das, was die in- und exkarnierten Seelen an Geistigem je produziert haben und produzieren. Es ist in etwa so wie all das, was im Laufe der Jahrtausende ausgeatmet wurde und was nun wieder eingeatmet werden kann. Die geistige Welt ist ewig und wird immer weiter angefüllt, indem Menschen Gedanken fassen und in sie einspeisen.

Es ist sehr schwer, dieses Geschehen in ein menschliches Bild und in eurer Sprache zu vermitteln. Wir können aber sagen, dass die geistige Welt im Unterschied zu den seelischen Welten keine Einzelseelen und Einzelseelen-Energien kennt, sondern dass sich alles Geistige darin vereint zu einer einzigen feinstofflichen Immaterie, zu der jeder Mensch Zugang hat.«

Eva Maria: »Könnt ihr dies nochmals am Beispiel von Gottfried Wilhelm Leibniz verdeutlichen?«

Die Quelle: »Leibniz hatte ein Gehirn, das es vermochte, die geistige Welt anzuzapfen in einem Maß, wie es die Gehirne anderer Denker nicht konnten. Aus diesem stetigen Ansaugen der geistigen Welt war es ihm möglich, neue Verbindungen und Verknüpfungen zu schaffen, die wiederum in die geistige Welt eingespeist wurden und auf die ihr heute immer noch zurückgreift. Um es in ein anderes Bild zu fassen: Leibniz' Gehirn nahm Fäden aus der geistigen Welt auf, verknüpfte diese Fäden zu einem neuen Konstrukt und gab dieses Konstrukt wieder in die geistige Welt ab. Ihr könnt euch vorstellen, je mehr Fäden in der geistigen Welt verknüpft werden, je dichter wird diese geistige Welt insgesamt.«

Eva Maria: »Handelt der Körper – wie Leibniz vermutete?«[2]

Die Quelle: »Es ist so: Kein Körper handelt – das, was handelt, ist euer Geist. Der Geist ist es, der qua eures Gehirns einem Arm befiehlt, sich zu heben und zu senken. Der Geist ist es, der euch inspiriert und zu bestimmten Handlungen veranlasst. Die Seele handelt ebenfalls, sie lässt eine bestimmte Seelenenergie einfließen. Dies ist eine etwas ›schwerere‹ Energie, die im Wechselspiel mit dem Geist euren Körper beeinflussen kann. Im Grunde genommen ist alles eine Frage der Definitionen und Begriffe.

Wenn Leibniz nun meinte, der Körper handele gemäß den Gesetzen der Wirkursachen oder Bewegungen, dann hatte er all das im Blick, was an Äußerem auf eure Körper einwirken kann. Ein Beispiel: Euer Körper liegt in der Sonne und verspürt die Wärme. Dies kann er bis zu einem gewissen Grad als angenehm empfinden. Wenn er es nicht mehr als angenehm empfindet, signalisiert der Körper dem Geist diesen Sinneseindruck, und der Geist befiehlt wiederum dem Körper, sich aus der Sonne zurückzuziehen. Es sind also äußerliche Einflüsse, die den Körper qua Schaltkreis über den Geist zu Handlungen bringen.

Es ist jedoch auch so – und das erfassen eure Wissenschaftler und Wissenschaftlerinnen heute noch nicht –, dass der Geist allein dazu fähig ist, dem Körper gewisse Handlungen zu ›befehlen‹. Das geschieht zum Beispiel, wenn Menschen qua ihres Geistes fähig sind, sich selbst zu heilen. Das ge-

schieht auch, wenn Menschen extrakorporale Heilenergie empfangen und weitergeben. Dies ist also ein sehr komplexes Geschehen, für dessen wissenschaftliches Begreifen – in seiner Gänze und Fülle – es noch viele Jahre der Forschung bedarf.«

Die Psyche

Geprägt von Unterbewusstem und Emotionen

Eva Maria: »Wir bitten euch noch, die Psyche genauer zu erläutern und die Funktion der Zirbeldrüse.«

Die Quelle: »Zur Psyche – oder zum ›emotionalen Körper‹ – gehört das, was ihr als ›Gefühle‹ oder ›Emotionen‹ bezeichnet. Zur Psyche gehört jedoch auch das, was aus dem Unterbewusstsein eingespeist wird. Die Psyche ist die ältere Instanz beim Homo sapiens.

In die Psyche können Emotionen einfließen, welche aus vergangenen Leben stammen. So können besondere Situationen und Umstände im jetzigen Leben unerwartete Gefühlsmuster auslösen, die mit Erlebnissen in früheren Leben in Verbindung stehen und nun der Aufarbeitung bedürfen. Die Psyche kann mit Worten, die ihr entweder im Außen oder im Innern über euer Gehirn wahrnehmt, beeinflusst werden. Die Psyche ist wie ein Sammelbecken für Wasser aus verschiede-

nen Zuflüssen, die einmal mehr aus der einen, einmal mehr aus der anderen Richtung kommen. Sie könnte ohne diese Zuflüsse nicht existieren.

*Wie ihr vielleicht jetzt schon merkt, ist die Psyche ein sehr komplexes Gebilde, das sich aus unserer Sicht nicht einfach von Gehirn, Seele, Geist und Körper abgrenzen lässt. Und gerade hier gibt es noch sehr viel zu erforschen bezüglich der seelischen und genetischen Interdependenz.**

Im Vordergrund der Psyche – das möchten wir noch einmal betonen – steht die Emotion, also das, was ihr nicht zuerst qua eures Intellekts und eures Geistes zu erfassen vermögt. Wir können euch ein Beispiel geben: Euer Geist vermag auf wunderbar intellektuelle Weise über die Liebe zu philosophieren und Bücher um Bücher darüber zu füllen. Jedoch hat dieses intellektuelle Begreifen und Beschreiben nicht die gleiche Qualität wie ein wirkliches Verliebtsein – wenn eine reale emotionale Nähe und Bindung zu einem anderen Menschen entsteht, sich weiter aufbaut und schließlich vertieft zu dem, was ihr Liebe nennt.

---

*Zur Erinnerung: ›Seelische Interdependenz‹ meint die Entwicklung der Seele aufgrund ihrer Erfahrungen in einer Inkarnation, die weitere Erfahrungswünsche oder auch Verarbeitungswünsche in einer erneuten Inkarnation nach sich ziehen können. Es besteht also ein Wechselverhältnis zwischen Erlebtem und neuen Erfahrungswünschen. ›Genetische Interdependenz‹ ist ein Sonderfall dieses Wechselspiels, bei dem extreme und überfordernde Gefühle in einer Inkarnation von der Seele in den Genen gespeichert werden und in einer späteren Inkarnation in einem solchen Körper abgerufen werden können. Die vormaligen Erfahrungen werden meist durch ein aktuelles Erlebnis ausgelöst und erhalten nun die Chance, besser verarbeitet werden zu können.

Darüber hinaus braucht die Psyche bestimmte Voraussetzungen in eurem physischen Körper, damit ihr all das, was als Gefühle wahrnehmbar ist, überhaupt wahrnehmen könnt. Manche dieser Gefühle könnt ihr körperlich sofort wahrnehmen. Zum Beispiel reagiert euer Körper sehr stark auf Angst, indem er mit Herzklopfen, also einem Anstieg der Herzschlagfrequenz, reagiert. Das Gleiche geschieht aber auch bei anderen, ebenso heftigen Emotionen, beispielsweise bei Verliebtheit.

Die Zirbeldrüse ist ein Organ, das Informationen des Unterbewussten in eine Gehirnregion abgibt, die das Unterbewusste bewusst machen kann. Zum Unterbewussten zählen wir auch die Seele, sie ist eng verbunden mit der Psyche.

Das beste Beispiel sind Reinkarnationstherapiesitzungen. Hier werden über die Zirbeldrüse Emotionen aus vergangenen Leben eingespeist beziehungsweise reaktiviert. Der Körper reagiert dann auch physisch, jedoch nicht mehr in einem so heftigen Maße. Eine Reinkarnationstherapiesitzung hat eine psychisch reinigende Funktion, indem sie im Unterbewusstsein qua Seele abgespeicherte Emotionen noch einmal durch den physischen Körper führt, damit als Emotionen tilgt und so aus dem seelischen Bewusstsein nimmt.«

Eva Maria: »Vielen Dank! Könnt ihr bitte noch einmal die Begriffe Reinkarnation, Seelenfamilie und Seelenverbünde erläutern?«

Die Quelle: »Die Wanderschaft der Seele durch die Inkarnationen ist in eurer westlich-wissenschaftlichen und von der abendländisch-christlichen Kultur geprägten Gesellschaft noch nicht sehr bekannt. Bisher konnte diese Tatsache nicht zu einem gesellschaftlichen Konsens werden, da religiöse Institutionen, wie eure Kirchen, eine Doktrin vorgegeben haben, was jeder Einzelne zu glauben hat und was nicht.

Gleichwohl gab und gibt es immer wieder Menschen, die Kenntnis von einem Weiterleben der Seele nach dem Tod haben und auf ein Wiederkehren der Seele auf die Erde aufmerksam machen. Es sind in der Regel Menschen, in denen reife bis ganz alte Seelen ruhen – für die genau diese Erfahrung im Laufe ihrer Inkarnationen zu einer Gewissheit wurde, die sie nicht mehr ignorieren können.

Dass wir zu euch kommen und zu euch sprechen, dient dem Zweck, euch auf eine neue seelisch-geistige Wirklichkeit vorzubereiten, die zum einen weit über die Lehren der Kirchen hinausreicht und zum anderen aber auch nicht hundertprozentig dem entspricht, was innerhalb der östlichen Reinkarnationsauffassungen gelehrt wird. Die östlichen Lehren, wie zum Beispiel der Hinduismus, wurden auf einer Bewusstseinsstufe entwickelt, die der heutigen nicht mehr entspricht. Auch in diese Länder werden sich Seelen inkarnieren, die versuchen, die dortigen Seelen und Gesellschaften in die neue Zeit zu transformieren.

Wissen enthüllt sich in der Geschichte der Menschheit nach und nach. Und so ist es auch mit dem Wissen in den seelischen Welten, die sich in sich ebenfalls entwickeln. Sie sind nun zu einer so großen Energie angewachsen, dass sie sich bereit fühlen, noch stärker und noch häufiger in die einzelnen menschlichen Inkarnationswege und in die Gesamtgeschichte der Menschheit einzugreifen.

Wenn wir von einer ›Seelenfamilie‹ sprechen, dann sprechen wir von einer Vereinigung von Einzelseelen, die sich einer bestimmten Aufgabe widmen und die unterschiedliche Persönlichkeitsmerkmale besitzen. Das heißt: Seelen sind nicht gänzlich neutral, sondern haben eine Art Persönlichkeit, wie ihr Menschen auch eine Persönlichkeit habt.[3] *Und so bestimmen die inkarnierten Seelen auf sehr subtile Weise einen Teil dessen, was euer Menschsein ausmacht.*

Die seelischen Gruppierungen oder Seelenfamilien leben nicht allein, sondern sie leben in wiederum größeren Verbünden. Es gibt in diesen Verbünden übergeordnete Aufgaben, die die Einzelseelen zu erfüllen haben, wenn sie sich inkarnieren. Diese großen übergeordneten Aufgaben, wie etwa die Entwicklung der Menschheit voranzubringen, werden in den einzelnen Seelenfamilien noch einmal differenziert.«

Eva Maria: »Vielen Dank!«

Kapitel 5

Das Stochern im Unterbewusstsein bringt die Seele an den Tag

Das menschliche Bewusstsein erfreut sich erst seit vergleichsweise kurzer Zeit, nämlich seit Sigmund Freud (1856–1939), intensiver systematischer Erforschung. Er entdeckte, dass das Bewusstsein eines Menschen nicht nur sein Wach- und Tagesbewusstsein umfasst, sondern bis in sein Unterbewusstsein reicht, das ihn unmerklich beeinflusst. Freud war der erste, der sich mit dem Unterbewusstsein intensiv analytisch beschäftigte, vor allem, um Heilungsprozesse in Gang zu bringen.

Nichtsdestotrotz bleibt das menschliche Bewusstsein bis heute ein noch längst nicht voll erforschtes und verstandenes Phänomen. Die Quelle veranschaulicht aus seelischer Sicht das Bewusstsein des Menschen als ›Pool‹, in den alle Erfahrungen und Gedanken eines Menschen – aus allen Inkarnationen! – einfließen. Der Pool bleibt über dessen Tod hinaus bestehen. Je reifer und älter eine Seele bei ihrer erneuten Inkarnation ist, umso tiefer kann sie aus ihrem eigenen Bewusstseinspool schöpfen[1] – wobei dem betreffenden Menschen dies in der Regel nicht bewusst ist.

Sigmund Freud

Ein Tiefenpsychologe erforscht das Unterbewusstsein

Sigmund Freud wurde als Sigismund Schlomo Freud 1856 in Freiberg in Mähren, im heutigen Tschechien, geboren, lebte vorwiegend in Wien und starb 1939 in London, wohin er vor den Nazis fliehen musste. Seine vier jüngeren Schwestern starben im Konzentrationslager. Als Arzt widmete er sich der Neurophysiologie und der Tiefenpsychologie, aber er ist auch als Kulturtheoretiker und Religionskritiker bekannt. Der Begründer der Psychoanalyse gilt als einer der einflussreichsten Denker des 20. Jahrhunderts. Er prägte die Begriffe ›Ich‹, ›Es‹ und ›Über-Ich‹, wobei das ›Ich‹ den kritischen Verstand meint, das ›Es‹ die Triebstruktur – einschließlich eines angenommenen Destruktionstriebs –, und das ›Über-Ich‹ beinhaltet anerzogene Ge- und Verbote.

Der Glaube an einen – strafenden – Gott im Kontext einer Religion sah Freud als Kindheitsneurose an. Freud führte psychische Störungen auf frühe Traumata zurück und nutzte die Traumdeutung zur »Hineinfindung in die Schwingung der fremden Seele«.[2]

Die Quelle: »Sigmund Freud gehört zu jenen, die neues Wissen über das Unterbewusstsein in die Welt getragen und so ganz neue Denkrichtungen für eure Wissenschaften eröffnet haben. Freud lebte in einer Zeit, in der Gefühle und Meinungen stark unterdrückt wurden. Diese Zeit war gewissermaßen der Nährboden für das, was ihr heute Psychoanalyse nennt.

Freud wurde dafür kritisiert, dass er sich als Zeitzeuge einer sexualfeindlichen Epoche vor allem mit Sexualneurosen beschäftigte und verdrängte Sexualität als Krankheitsursache stark verallgemeinerte. Dies sehen wir nicht als Einschränkung seiner Leistung. Die Umstände damals boten die Gelegenheit, und er nutze sie, um zu den tieferen Schichten vorzustoßen, die wir das Unterbewusstsein nennen und in dem auch die Seele ruht.

Sigmund Freud gründete später, wie Leibniz, wissenschaftliche Vereinigungen, in denen es möglich war, sich über Ideen auszutauschen. Dass ein anderer großer Geist, nämlich Wilhelm Reich, davon ausgeschlossen wurde, ist aus menschlicher Sicht verständlich. Es war eine von politischen Ideologien geprägte Zeit, in der manche ›sich nicht einig waren‹. Selbst wenn in wissenschafts-theoretischer Hinsicht ein Konsens bestand, brauchte dies in politischer Hinsicht noch lange nicht der Fall zu sein.

Worauf es uns aber ankommt und worauf wir hinweisen möchten, ist, dass auch hier fortgeführt wurde, was die Ausnahmegestalt Leibniz bereits in Ansätzen beobachtet hatte. Sigmund Freud ist es erstmals gelungen, einen Teil des Unterbewusstseins, der nicht fassbar, nicht sichtbar und eben auch nicht mit irgendwelchen wissenschaftlichen Methoden messbar war, zu beschreiben. Die Beweisführung kam allein aus seiner Praxis. Er konnte durch die Psychoanalyse, die*

---

*Leibniz hatte bereits den Übergang einer unbemerkten Sinnesempfindung zu einer bewussten Wahrnehmung zum Ausgangspunkt seiner Überlegungen gemacht.

er betrieb, in Bereiche vorstoßen, die der Menschheit vorher verschlossen, beziehungsweise nicht bewusst waren. Er hat für das, was er ›das Hineinspüren in die Schwingung der Seele‹ nannte, ein theoretisches Modell entwickelt, das als Ich, Es und Über-Ich in die Literatur der Psychologie und Psychoanalyse eingeflossen ist.

Teile dessen, was Sigmund Freud erkannt hat, sind richtig. Anderes können wir aus unserer Sicht nicht bestätigen, etwa die Annahme, dass das Es rein aus der Biologie heraus bestimmt sei und dass das Über-Ich eine Instanz sei, die qua Erziehung und gesellschaftlicher Prägung entsteht. Es ist – wie ihr mittlerweile wisst – weitaus komplexer. Und so möchten wir an dieser Stelle noch einmal darauf hinweisen, was wir bereits über das Zusammenspiel von Seele, Geist und Körper einerseits und über seelische und genetische Interdependenz andererseits sagten. Die seelische und die genetische Interdependenz können im Leben eines jeden Menschen in Form von psychischen oder körperlichen Krankheitssymptomen auftreten.

Sigmund Freud entdeckte das Phänomen der Verdrängung. Er erklärte, dass die Psyche aufgrund von Verdrängung Probleme zeigt, die sich auch in körperlichen Symptomen äußern können. Wenn eine Person beispielsweise aus einer Hysterie heraus, wie er dieses Krankheitsbild nannte, keinen klaren Gedanken mehr fassen konnte, wenn ihr Atmungssystem außer Kontrolle geriet und Körperfunktionen zum Erliegen kamen, dann deutete dies darauf hin, dass die Psyche aufgrund meist gesellschaftlicher Verbote Emotionen nicht mehr äußern oder verarbeiten konnte. Was also Dr. Sigmund Freud im Wesentlichen entdeckt hat, ist für uns die Tatsache, dass es eine Psyche gibt, die im engen Zusammenhang mit der Physis steht, aber auch im engen Zusammenhang mit moralischen und gesellschaftlichen Ge- und Verboten. Mit Wilhelm Reich kam später die Befreiung, die Entfesselung der Psyche aus der Verbots-Umklammerung einer sexualfeindlichen Zeit. Die Befreiung der Sexualität wurde durch diese beiden Männer angestoßen und grundgelegt. Hier sehen wir eine zentrale Bedeutung.

Freuds Seele hatte in vergangenen Inkarnationen immer wieder mit Menschen zu tun gehabt, die sich psychisch verschlossen hatten und so für eine Heilung nicht mehr zugänglich waren. Sie konnte sich dies nicht erklären. Als damaliger Arzt ergriff sie – aus heutiger Sicht – teilweise zu rabiaten Maßnahmen, um die Menschen aus dieser Gefühlsstarre, heute ›Depression‹ genannt, zu erlösen. Es waren brachiale Mittel, wie beispielsweise das Anschreien, das Traktieren mit Schlägen, das Überschütten mit kaltem Wasser. Das alles funktionierte, wenn überhaupt, jedoch nur kurzzeitig. Am Ende jeder Inkarnation musste die Seele des späteren Sigmund Freud feststellen, dass diese Mittel nicht ausreichend waren für eine langfristige Heilung.

In der Inkarnation als Dr. Freud ist es nun dieser Seele gelungen, sich auf intuitive Art zu der inneren Welt seiner Patienten Zugang zu verschaffen. Freud forschte insbesondere auf dem Gebiet des Träumens und kam zu dem Ergebnis, dass auch Träume im Zusammenhang mit dem psychischen Erleben stehen müssen. Träume machte er schließlich zum Hauptaspekt der Psychoanalyse.

Was Freud erarbeitet hat – möge er sich auch in einigen Punkten geirrt haben aus heutiger Sicht – ist eine Grundlage von dem, was später mit Carl Gustav Jung und noch später mit der Übermittlung der Seelenlehre Eingang in euer Verständnis vom Unterbewusstsein gefunden hat.

Freuds Seele hatte den Auftrag, das Innere des Menschen zu erforschen. Seine Seelenfamilie gehört zu einem Seelenverbund mit dem Auftrag, menschliche Erkenntnis voranzubringen.

Was die Geschehnisse im sogenannten Dritten Reich, im Nationalsozialismus, betrifft, und die Gräueltaten, die in den KZs begangen wurden, möchten wir uns an diesem Punkt beschränken und nur so viel sagen: Es war im Grunde genommen eine mehr oder weniger – und wir benutzen diesen Begriff zwar absichtlich, aber dennoch mit Vorsicht – ›göttliche Fügung‹, dass es Freud glückte, ins Exil zu gelangen und so seine bahnbrechenden Erkenntnisse weiterzugeben und daran weiter zu forschen. Daraus darf auf keinen Fall geschlossen werden, dass es für die vier jüngeren Schwestern, deren Leben in den KZs endete, etwa keine Unterstützung aus den seelischen Welten gegeben hat. Jedoch ist dieses Problem von sehr großer Komplexität, sodass wir hier nicht weiter darauf eingehen können.«

Eva Maria: »Könnt ihr vielleicht noch etwas zu seiner Religionskritik sagen?«

Die Quelle: »Die Haltung zu religiösen Fragen eines Menschen ist immer abhängig vom Alter der Seele, die sich in ihm inkarniert. Es war eine relativ alte Seele, die sich in Sigmund Freud inkarniert hatte, die in der starr ritualisierten, institutionalisierten Religion kein Zuhause mehr fand. Deshalb hatte Freud auch die Idee, inhaltliche Parallelen zwischen einem strafenden Gottvaterglauben und dem Über-Ich zu ziehen, das heißt, Teilbereiche von Religion in seine psychologische Theorie aufzunehmen.

Religion entspricht immer dem seelischen Wunsch, sich aus dem irdischen Dasein hinaus irgendwo anders zu verankern. Die Seele im Menschen sehnt sich, wissentlich oder unwissentlich für den Menschen, nach einem Danach, nach einer Existenz hinter der Existenz. Denn sie kam ja aus den Welten, die außerhalb der physisch-materiellen Welt existieren. Religionen bedienen somit ein Bedürfnis vieler junger, einiger reifer, aber auch teilweise mancher alten Seelen. Es ist aus unserer Sicht noch nicht abzusehen, ob und wann sich dieses Bedürfnis mindern oder nivellieren wird.

Was wir aber zu sagen wagen, ist, dass je weiter das Bewusstsein in den seelischen Welten anwächst, je mehr es sich mit der menschlichen Existenz verbindet und vernetzt, je mehr direkte Kontakte in die seelischen Welten hinein bestehen, desto weniger wird der Wunsch nach einer institutionalisierten Religion aktiv bleiben.«

Wilhelm Reich

Der Psychoanalytiker befreit die weibliche Sexualität

Wilhelm Reich war Arzt, Psychiater, Psychoanalytiker, Sexualforscher und Soziologe. Er wurde 1897 in Dobzau, Galizien, in Österreich-Ungarn geboren. Auch er musste aufgrund des Nazi-Regimes emigrieren. Wilhelm Reichs Kindheit war von einem Trauma geprägt. Als etwa 11-jähriger verriet er dem Vater, dass die Mutter eine Affäre mit dem Privatlehrer unterhielt. Die Aufdeckung des Ehebruchs wurde zu einem familiären Drama, in dessen Folge seine Mutter Selbstmord beging und der Vater depressiv wurde.

Als Körpertherapeut und Sexualforscher war Reichs Anliegen, Menschen von muskulären Verspannungen zu befreien. Er war von der heilenden Wirkung der von ihm entwickelten Orgon-Therapie überzeugt, was Albert Einstein negierte.[3] Wilhelm Reich wurde geheimes Mitglied der Kommunistischen Partei. Die New Age-Bewegung griff später seine Ideen hinsichtlich alternativer Heilmethoden auf. 1955 verfügte ein Gericht die Vernichtung seiner Bücher und Geräte im Zuge eines Verkaufsverbots von Orgonakkumulatoren. Reich starb 1957 in einem Gefängnis in Lewisburg, USA, wo er wegen Nichteinhaltung des Verbots inhaftiert worden war.[4]

Die Quelle: »Wilhelm Reich hatte in seiner Jugend ein familiäres Drama erlebt, das sich mehr auf seine Arbeit auswirken sollte, als er es selbst gemeinhin glaubte. Im Moment des Verrats an seiner Mutter reagierte er körperlich auf die unerträgliche Situation, sein ganzer Körper spannte sich an. Er war in dem Moment fast spastisch gelähmt. Dies werdet ihr nun nirgendwo in den Berichten über Wilhelm Reich lesen können. Aber aus unserer Sicht war dies die Initialzündung für seine spätere Therapie, in der er versuchte, die Freudsche Psychoanalyse mit der Körperlichkeit des Menschen zu verbinden, was zu der Körpertherapie führte.

Reich ging wie selbstverständlich davon aus, dass, wenn chronische körperliche Anspannungen[5] *in der Therapie kurzfristig aufgehoben werden, der Mensch auch zu der psychischen Ursache findet, die dahintersteckt, und dies dauerhaft zur Entspannung beiträgt. Das ist jedoch nicht immer so. Deshalb haben seine Therapien auch nur bedingt funktioniert.*

Ihr solltet euch an dieser Stelle klarmachen, dass jegliche Form von Therapie funktionieren kann, aber nicht funktionieren muss. Jeder Mensch ist individuell und hat ein ganz eigenes Reaktionsmuster. Die jeweilig inkarnierte Seele trägt mit ihren Eigenschaften dazu bei.[6] *Deshalb tut ihr gut daran, vorsichtig zu sein, Therapien, gleich welcher Art, als gemeingültig hinzustellen.*

Es bedeutet nun nicht, dass die Therapien, die die Menschheit im Nachgang von Freud, Reich und Jung entwickelt hat, nicht wirksam wären. Jedoch sind sie mit Vorsicht einzusetzen. Der nächste Schritt der wissenschaftlichen Erkenntnis innerhalb der Psychologie mag dahin führen, dass Therapien künftig auf den einzelnen Menschen maßgeschneidert werden und dass es kluge Therapeutinnen und Therapeuten vermögen, die richtige Methode für den Menschen, der vor ihnen sitzt und mit dem sie arbeiten wollen, auszuwählen. Die Seele, die euch noch nicht in aller Gänze erschlossen ist, wird vermehrt mit in eine Therapie einbezogen werden können. Denn die Seelen in den seelischen Welten haben sich nun bereit erklärt, innerhalb des Therapiegeschehens einzugreifen und zum Beispiel seelische Interdependenzen aufzulösen, die sonst noch nicht aufgelöst werden durften oder sollten, da sie einem bestimmten Lernschritt unterlagen.«[7]

Eva Maria: »Welche Faktoren spielen für den Erfolg einer Therapie eine Rolle?«

Die Quelle: »Bei Therapien – gleich welcher Art, ob Psychotherapie oder körper-medizinische Behandlung – spielen drei Faktoren eine große Rolle: zum einen ist es der Zeitpunkt, zum zweiten ist es die Beziehung zum Therapeuten oder zur Therapeutin, und zum dritten ist es die intellektuell-geistige Einstellung zur Therapieform. Wenn diese drei Dinge passen, dann ist die Chance groß, dass durch die Therapie Heilung erfolgt.

Kommen wir zurück zu Wilhelm Reich. Er hat die Orgontherapie entwickelt, die darauf beruht, dass eine hochfrequente Schwingung, die sowohl in einem Gerät als auch auf telepathischem Wege übermittelt werden kann, heilend wirkt. Dass eine solche Schwingung eine harmonisierende Wirkung haben kann, ist für uns offensichtlich. Es ist noch ein Problem der Physik, dass sie bestimmte Phänomene, die es nun einmal gibt, noch nicht mit den derzeitigen Methoden und Instrumenten messen kann. Dies bedeutet jedoch nicht, dass es keine Schwingungen gibt, die sich auf eure Seele, auf eure

Psyche und auf eure Gesundheit auswirken können.

Reichs Mitgliedschaft in der Kommunistischen Partei beruhte auf ideologischen Gründen. Sie führte dazu, dass er gesellschaftliche Missachtung riskierte und auch nicht die Anerkennung im Bereich der etablierten Wissenschaft bekam, wie sie ihm gebührt hätte. Wissenschaftler und Wissenschaftlerinnen tun gut daran, wenn sie ihren Geist so neutral wie möglich halten.

Ihr wisst, dass Deutschland eine Zeit durchgemacht hat, in der sich Wissenschaftler und Mediziner hinreißen ließen, einer den Menschen schädlichen Ideologie zu dienen. Wann immer dies geschieht, wird die Wissenschaft missbraucht und dient nicht dem menschlichen Fortschritt. Deshalb betonen wir noch einmal: Wissenschaftlicher Fortschritt kann nur dann erfolgen, wenn Menschen in einer repressionsfreien und finanziell unabhängigen Einrichtung ihre Forschungen betreiben können und sich dabei um Neutralität und Sachlichkeit bemühen.

Kommen wir noch einmal zu Wilhelm Reich zurück. Ihr spracht davon, dass seine Gedanken und seine Arbeiten von einer esoterischen Bewegung vereinnahmt wurden und er deshalb möglicherweise in wissenschaftlichen Kreisen nicht die Anerkennung fand, die ihm gebührt hätte. Hier hat eine esoterische Richtung, eine Ideologie – und wir möchten die New Age-Bewegung so nennen – sich eines Wissenschaftlers und seiner Erkenntnisse bemächtigt und versucht, sie für sich zu reklamieren. Dies ist ein weiterer Weg, der wissenschaftlichen Erkenntnissen nicht guttut. Wir möchten dennoch betonen: Wilhelm Reich war von großer Erkenntnistiefe, und auch er hat sehr viel Wissen aus dem Unterbewussten genutzt.«

Eva Maria: »Wilhelm Reich hat sich intensiv mit dem weiblichen Orgasmus beschäftigt.«

Die Quelle: »Reich bediente sich alter seelischer Erinnerungen, sie flossen in sein Unterbewusstsein und später in sein Bewusstsein. Die Seele Wilhelm Reichs hatte sich in vergangenen Inkarnationen mehrfach als Frau inkarniert und nahm aus diesen Inkarnationen ein Gespür für den weiblichen Körper mit.

Manche Seelen inkarnieren sich bewusst häufig oder immer nur in ein Geschlecht, um entsprechende Erfahrungen zu sammeln. Dass diese Seele nun als Mann auf die Welt gekommen ist, hing natürlich mit den damaligen gesellschaftlichen Verhältnissen zusammen. Wir würden die Hypothese wagen, dass, wenn Wilhelm Reich als Frau zur Welt gekommen wäre, er seinen beruflichen Interessen und seinem wissenschaftlichen Können nicht hätte nachgehen können.

Wilhelm Reich hat mit seiner Orgasmus-Forschung einen Meilenstein gesetzt, der einer Vielzahl von Frauen half, sich aus einem engen moralischen Korsett zu befreien, und der zu mehr Selbstbewusstsein hinsichtlich ihrer Sexualität führte. Reich war aus heutiger Sicht ein ›Frauenbefreier‹. Der von ihm geschaffene Wissenszuwachs wirkt sich bis heute aus, hat aber nicht weltweit eine so große Verbreitung gefunden, wie er sich dies vielleicht zu Lebzeiten gewünscht hat.«

Eva Maria: »Vielen Dank!«

Carl Gustav Jung

Die Entdeckung des kollektiven Unbewussten

Der erste Psychologe um Freud, der behauptete, dass schöpferische Ideen aus dem Unterbewusstsein auftauchen können, war der Schweizer Psychiater C. G. Jung (1875–1961): »So, wie bewusste Inhalte in das Unbewusste verschwinden können, so können auch Inhalte aus dem Unbewussten[8] aufsteigen. Neben einer Mehrzahl von bloßen Erinnerungen können auch wirklich neue Gedanken und schöpferische Ideen zum Vorschein kommen, die nie zuvor bewusst waren. Sie wachsen aus den dunklen Tiefen wie ein Lotus und bilden einen wichtigen Teil der subliminalen Psyche.«[9] Jung erweiterte den Begriff des Unterbewusstseins auch in einer anderen Hinsicht sehr stark. An seinem sogenannten kollektiven Unbewussten haben alle Menschen Anteil.

Eva Maria: »An Jung bewegt mich seit langem der Spruch, der in Latein auf seinem Grab steht: ›Gerufen oder nicht gerufen, Gott wird da sein.‹«

Die Quelle: »Carl Gustav Jung wagte einen großen Schritt in das große Phänomen hinein, das seit Freud als Unbewusstes bekannt ist. Beginnen wir einmal an dem Punkt, an dem du uns den Faden gegeben hast, dem Spruch auf seinem Grabstein.

Carl Gustav Jung war zeitlebens geprägt von einer Ahnung, dass es einen Gott geben müsse, dass dieser jedoch anders sei als jener Gott, der ihm als Sohn eines Pfarrers vermittelt worden war. Und so suchte er in seinem Innern, um dem, was man ›Gott‹ nennt, aber auch dem, was dem Menschen als Seele innewohnt, auf den Grund zu gehen. Das waren zwei Fäden seines Forschens, denen er immer wieder nachgegangen ist. Er hatte keinerlei Scheu, sich mit Spiritismus, mit Poltergeistern und anderen paranormalen Phänomenen zu beschäftigen. Dies unterschied ihn eklatant von Sigmund Freud. Es kam zu einem großen Zerwürfnis zwischen diesen beiden großen Psychologen trotz anfänglicher Freundschaft.

Carl Gustav Jung war davon überzeugt, dass es im Bereich der menschlichen Psyche noch etwas geben musste, das über das hinausging, was Sigmund Freud entdeckt und verfochten hatte, und über das bis zu seiner Zeit bekannte Bewusste. Unser Begriff ›kollektives Bewusstsein‹ ist nahezu identisch mit dem, was Carl Gustav Jung in seinen Schriften als ›kollektives Unbewusstes‹ benannte.

Gleichwohl möchten wir euch sagen, dass dies noch lange nicht der Weisheit letzter Schluss ist und dass es – weit über das von Carl Gustav Jung Erforschte und Niedergeschriebene hinaus – Phänomene gibt, die euer menschlich-seelisches Sein beeinflussen. Gerade im Rahmen dieses Buchprojektes machen wir euch darauf aufmerksam, dass es noch ein übergeordnetes kosmisches Bewusstsein gibt, das die Phänome-

---

*Das ›kollektive Bewusstsein‹ oder die ›geistige Welt‹ umfasst alles Gedachte der Menschen. Es gibt aber auch das kollektive Bewusstsein einer Ethnie oder eines Volks, also Teilbereiche.

ne, die ihr als Seele, als Seelenfamilie und als Seelengruppe nun schon kennt, beeinflusst und immer stärker beeinflussen wird.

Kommen wir zurück zu Carl Gustav Jung. Er hat mit seinen Forschungen einen ganz neuen Zweig der Psychologie erschlossen, indem er eine Art von Seelenaspekt in die Psychotherapie einbezog. Dies vor allem in Anbetracht des Phänomens des Bösen. Er begann unter anderem, das sogenannte Böse, das sich im Nationalsozialismus äußerte, zu erforschen. Jedoch ist Carl Gustav Jung im Rahmen seiner Theorie an seine Grenzen gestoßen, wenn er versuchte, das Böse als ›Wiedergeburt‹ des vermeintlichen Archetyps ›Wotan‹ zu identifizieren.

Das Böse gehört zur menschlichen Existenz, die aus einer tierischen Physis resultiert. So, wie es Gut und Böse gibt, gibt es auch Herausforderungen, die das sogenannte Gute oder das sogenannte Böse hervorrufen. Das heißt: Auch hier seid ihr immer noch einem stetigen Pendeln in der Entwicklung unterlegen, beide Pole bedingen sich wechselseitig.

Migration und Flucht nach Deutschland wecken in manchen Menschen Aggressionen, was sich als Fremdenhass, Antisemitismus oder auch als rechtsradikale Ansichten äußert. Es sind punktuelle Feuer, die aufflackern. Es geht dabei auch heute noch um gewaltvolle Geschehnisse im Nationalsozialismus. Viele Seelen versuchen heute noch, das damals Erlebte aufzuarbeiten und mit dem umzugehen, was nicht nur aus der eigenen Seele aufsteigt, sondern auch aus dem – nach Jung – ›kollektiven Unbewussten‹ immer wieder aufflackert.

Gewalt, wie sie im Nationalsozialismus und wie sie in eurem Land Deutschland passiert ist, kann es auf der ganzen

Welt immer wieder geben. Solange sich das gesamtseelische Bewusstsein der Menschheit noch nicht auf einer komplett erhöhten Stufe befindet, wird sich die menschliche Entwicklung noch weiter im Zuge eines permanenten Widerstreits zwischen Gut und Böse vollziehen, in den Lernschritten Vor und Zurück, im Hin und Her, im Auf und Ab, wie immer man es auch sprachlich fassen möchte.«

Eva Maria: »Welche Erlebnisse bringen Neonazis unterbewusst aus alten Inkarnationen mit, sodass sie aus unserer Sicht völlig wirre und falsche Überzeugungen an den Tag legen?«

Die Quelle: »Diese Frage lässt sich vielleicht am besten an einem konkreten Beispiel beantworten. Stellen wir uns einen Mann vor, der politisch aktiv ist und eine sogenannte nationalsozialistische Gesinnung an den Tag legt, in der er den Holocaust leugnet und antisemitische Tendenzen verfolgt. Dann ist es möglich, dass seine Seele zur Zeit des Nationalsozialismus in einem Körper inkarniert war, der den Gräueltaten sehr nah war. In dem damaligen Leben ließ er aus einer Verdrängung heraus nicht zu, dass das, was er sieht und tut, eigentlich menschenverachtend ist. Diese Seele hat sich in die heutige Zeit inkarniert, um zu versuchen, diese falschen Überzeugungen in sich zu erkennen und zu durchdringen. Das heißt also: Gräueltaten im Nationalsozialismus konnten von den damaligen Seelen nicht aufgearbeitet werden und können dies aus unserer Sicht auch nur in mehreren Inkarnationen.

Wir möchten euch zurufen, von Auseinandersetzungen dieser Art mehr und mehr Abstand zu nehmen, Kriege zu verhindern, Leid zu verhindern und zu versuchen, menschliche Konflikte auf anderen Wegen zu lösen. Wir möchten noch einmal daran erinnern, wie wichtig es heute ist, mit dem Wachbewusstsein zu arbeiten. Denn je mehr sich das Wachbewusstsein mit den geschichtlichen Ereignissen nicht nur des Nationalsozialismus, sondern auch vergangener Zeiten wie dem Dreißigjährigen Krieg beschäftigt, je besser und einfacher wird es für die Seele sein, diese Themen abzuarbeiten. Sie bekommt dann die Möglichkeit, dies in einer weitaus milderen Form zu tun, als noch einmal – um bei unserem Beispiel zu bleiben – als Neonazi durch die Straßen zu laufen.«

Eva Maria: »Wie kann eine mildere Form der Aufarbeitung einer solchen Vergangenheit aussehen?«

Die Quelle: »Eine mildere Form der Aufarbeitung der seelischen Vergangenheit kann ganz einfach sein: Bücher über jene Zeit zu lesen, Ausstellungen zu erarbeiten, Ausstellungen zu besuchen, sich in irgendeiner Form – wie auch immer – mit jener Zeit noch einmal zu befassen. Wenn Menschen darunter sind, deren Seelen sich in jener Zeit inkarniert hatten und mit den Umständen noch nicht abgeschlossen haben, dann erhalten sie so die Möglichkeit, sich bewusst, aber auch unterbewusst, mit diesen Inkarnationen zu beschäftigen.

Deshalb möchten wir euch noch einmal dazu aufrufen, das Gedenken an jegliche historische Gewaltereignisse zu wahren. Es ist von großer Bedeutung, wenn Menschen Denkmäler, Mahnmale oder ähnliche Stätten und Orte schaffen, um an etwas zu erinnern, das in der Menschheitsgeschichte zu großem Leid geführt hat. Sie geben Seelen – sowohl Tätern als auch Opfern – die Möglichkeit, diese seelischen Narben aufzuarbeiten und notwendigerweise daran zu wachsen.«

Fritz Perls

Der Dramakundige verhilft der Psyche zum Ausdruck

Von Freud enttäuscht, von Reich fasziniert, Schauspieler bei Max Reinhardt und Wahlamerikaner: Fritz Perls führte ein bewegtes Leben. Der 1893 in Berlin geborene spätere Psychoanalytiker durchlief viele Lebensstationen, die ihn in viele sehr unterschiedliche Länder führten, darunter die Niederlande, Südafrika und Japan, teilweise auch, weil er wegen der Nazis emigrieren musste.

Während seines Arztstudiums spielte er am expressionistischen Theater bei Max Reinhardt, was einer Initialzündung gleichkam für seine späteren experimentellen Behandlungsmethoden als Psychoanalytiker, zu dem er sich weiterbildete. Die Begegnung mit Freud soll für ihn enttäuschend gewesen sein, sie dauerte ganze fünf Minuten und enthielt nur Floskeln; von Reich war er dagegen absolut fasziniert.

In der Gestalttherapie geht es darum, sich innerer Zustände bewusst zu werden und sie zum Ausdruck, ins Sichtbare zu bringen. Manches davon erinnert an das Theater, wo Schauspielerinnen und Schauspieler über Laute, Gesten und Aktionen veranschaulichen, was ihre Figur fühlt. Perls starb 1970 in Chicago während einer Vortragsreise; er hatte zuvor auf Vancouver Island in Kanada seinen Traum einer Gestalt-Gemeinschaft umgesetzt.[10]

Eva Maria: »Im Rahmen meines Studiums hat mich Fritz Perls besonders beschäftigt. Wir lernten damals Formen des Rollenspiels als Therapiemethode kennen und natürlich auch die Gestalttherapie, die Perls mitbegründet hat.«

Die Quelle: »Fritz Perls war vom Theater fasziniert. Er zog sehr früh Verbindungen zu dem, was Sigmund Freud und auch Wilhelm Reich in ihren Analysen der menschlichen Psyche entdeckt hatten. Er begann, nach anderen Ausdrucksmöglichkeiten zu suchen als jene, welche die beiden anderen Psychotherapeuten praktizierten. Während der Freudschen Analysesitzungen verharrten die Patienten in der Regel in einem ruhigen Zustand, sie lagen auf der berühmten Couch oder saßen auf einem Sessel. Auch bei Wilhelm Reich wurde die Körperlichkeit in die Therapie-Praxis nur teilweise oder gar nicht einbezogen. Deshalb hat Fritz Perls nach Ausdrucksmöglichkeiten gesucht, die den Körper und den Gesamtausdruck eines Menschen mehr einbeziehen konnten.

Er integrierte dabei sein Wissen über altgriechische Dramen. Perls erkannte, dass das, was seit Jahrhunderten oder noch zu früherer Zeit in Tempelritualen oder Schauspielen Ausdruck fand, nichts anderes war als das Abbild einer inneren Wirklichkeit. Zu dieser inneren Wirklichkeit bestand jedoch zu seiner Zeit kaum Zugang.

Wenn Fritz Perls nun seine Klienten ermunterte, dem Gestalt zu geben, was sie in ihrem Innern spürten, so schuf er damit eine ausgesprochen körperbetonte und sehr wirkungsmächtige Methode, sich seinem inneren Selbst zu nähern. Eine Methode, die aus dem intellektuell-akademischen Milieu ausbrach. Ihren inneren Welten Gestalt zu geben, vermögen auch Menschen, die in ihrer Artikulationsfähigkeit nicht so weit sind, dass sie sich auf einer Couch einem Therapeuten offenbaren könnten. Genau in diesem Punkt liegt eigentlich Fritz Perls Großartigkeit. Alle psychotherapeutischen Methoden, die auf der Gestalttherapie basieren – sei es das Psychodrama, sei es frei improvisiertes Theater, seien es Schrei- oder Wut-Therapien aller Art, sei es das Familienstellen von Bert Hellinger – gehen im Grunde genommen auf seine Erkenntnisse zurück.

Ihr könnt euch glücklich schätzen, dass es in der heutigen Zeit so viele Möglichkeiten gibt, sich dem inneren Selbst, dem verschlossenen inneren Selbst, dem kranken inneren Selbst, zu nähern und ihm Ausdruck zu verleihen. Fritz Perls wird leider noch viel zu sehr verkannt. Ihm gebührte aus unserer Sicht ein noch viel größerer Stellenwert innerhalb der Psychotherapie.

Was nun seine Bewunderung für Wilhelm Reich anbelangt, so schätzte er dessen Kenntnis von der Auswirkung seelischer und psychischer Blockaden auf den gesamten Körper. Ferner hat ihn fasziniert, dass Reich konsequent seinen Weg gegangen ist, vor Anfeindungen nicht zurückschreckte und auch seine Orgontherapie verfocht und weiterentwickelte, obgleich damals – und bis heute – ein wissenschaftlicher Nachweis fehlte. In zweierlei Hinsicht ähnelten sich die beiden Psycho-

logen: Zum einen brachten beide ihrem Metier große Leidenschaft entgegen, zum anderen hatten beide erkannt, dass das Innere ein Spiegelbild des Außen sein kann und umgekehrt.

Betrachtet ihr die Welt von heute, so könnt ihr die Dramen des Inneren immer wieder in den Dramen des Äußeren erkennen. Nehmen wir einmal die Tatsache, dass sich heute so viele Menschen – wie wir es euch bereits vor einigen Jahren vorausgesagt haben – gegen autoritäre Systeme wehren, auf die Straße gehen und wider aller Angst und wider aller möglichen Konsequenzen demonstrieren. Ihr könnt euch das so vorstellen, wie wenn eine innere Welt in einem Menschen nicht mehr stimmig ist und deshalb einen adäquaten äußeren Ausdruck sucht. Es ist wie ein inneres Brodeln, das sich Ausdruck verschafft, und es gilt auch hier, eine Verpanzerung aufzubrechen. Es gilt darüber hinaus, in der Verfassung eines Landes etwas aufzubrechen, weil schon lange im Innern dieses Landes, in seinen Menschen, etwas kocht.

Dieses Bild der Verpanzerung von Wilhelm Reich ist wunderbar auf eure gesellschaftlichen Systeme übertragbar. Immer dort, wo sie verkrustet sind, immer dort, wo sie ohne Leben sind, immer dort, wo sie nicht mehr dem entsprechen, was die Menschen – die innerhalb dieser Strukturen leben – fühlen und denken, immer dort gibt es Aufbegehren und Protest gegen diese äußere Hülle. Gesellschaftsformen, Staatsformen, Verwaltungskonstrukte sind hier das Äquivalent eines versteinerten körperlichen Panzers, der nicht mehr fähig ist, die inneren Regungen zu hören, und der in sich weggeschlossen hat, was in seinem Innern lebt. Hier könnt ihr hinsichtlich einer ganzheitlichen Betrachtung der Wirklichkeit durchaus Parallelen ziehen.«

Eva Maria: »Was sagt ihr zu Bert Hellinger und dem Familienstellen?«

Die Quelle: »Das Familienstellen nach Bert Hellinger hat in den letzten Jahren in einigen Kreisen eine weite Verbreitung gefunden. Dies ist auch der Tatsache geschuldet, dass es in entsprechenden Ländern sehr viele reife und alte Seelen gibt, die neugierig darauf sind, ihr Innenleben neu und ganz anders kennenzulernen, und die neugierig darauf sind, ihre Bezüge zu verstorbenen und noch lebenden Verwandten neu zu verstehen.

Auch hier könnt ihr wieder wunderbar sehen, wie die Seelenenergie hineinwirkt in das, was in einem Wissensgebiet an Fortschritten erzielt oder neu entdeckt und ergründet wird. So wird es auch mit vielen weiteren Therapieformen sein, die bei euch jetzt noch in den Anfängen stecken. Dazu gehört die Reinkarnationstherapie. Dazu gehört das Erspüren innerer Welten durch die Erfahrung eines äußeren körperlichen Reizes, zum Beispiel den Ton einer Klangschale. Dazu gehört die Ergründung von allem Feinstofflichen bezüglich eurer menschlichen Körper. Hier wird es zukünftig noch große Fortschritte geben, und zwar immer dann, wenn sich genügend Seelen bereitfinden, sich in ihrer menschlichen In-

Für Sie nachgefragt:
Was könnt ihr uns zur Seelenaufgabe von Bert Hellinger sagen? Die Antwort der Quelle können Sie als Audio-Datei downloaden. Den Link finden Sie im Anhang.

karnation dieser Sache hinzugeben, und wenn ausreichend reifere Seelen da sind, die andere Seelen in diesen Therapien führen können. Auch hier ist also die seelische Reife ein wesentlicher Motor für den Fortschritt der Wissenschaft.«

Psychotherapien

Lernhilfen für die Seele

Psychische Störungen können sowohl mit Verstörungen im jetzigen Leben, aber auch mit Nichtverarbeitetem der Seele aus früheren Leben zu tun haben. Das Verhältnis von Psyche und Seele ist eng und vielschichtig, aber ganz falsch wäre, beide gleichzusetzen. Bei einer Aussage, die die Quelle uns übermittelte, hakten wir nach: Sie sagte, dass die Menschen heute aufgrund des allgemein angestiegenen Bewusstseins auf einige seelische Lernschritte verzichten könnten, bzw. dass das Lernziel inzwischen leichter zu erreichen sei. Wir baten um Beispiele.

Die Quelle: »Eigentlich haben wir diese Frage schon viel früher erwartet. Denn in dem, was wir euch bisher vermittelt haben, geht die Seele ihren langen Weg der Reinkarnation ja deshalb, um bestimmte Lernschritte zu machen. Ihr als Menschen hattet bisher nur wenige Möglichkeiten, diesen Weg zu verkürzen oder Lernschritte zu überspringen. Während des Anwachsens des Bewusstseins in den seelischen Welten ge-

schieht nun Folgendes: Nehmen wir einmal an, eine Seele hat sich die Aufgabe ausgewählt, noch einmal ein Problem aufzuarbeiten, das bereits in einem anderen Leben eine Rolle gespielt hat. Es geht beispielsweise um die Loslösung aus einer engen Partnerschaft. Durch das Anwachsen des seelischen Bewusstseins haben sich nun die gesellschaftlichen Verhältnisse – besonders in euren westlichen Welten – sehr geändert. Selbst staatlich verbriefte Beziehungen in Form einer Ehe oder einer eingetragenen Partnerschaft können heute relativ leicht gelöst werden. Dafür gibt es Regularien und Mechanismen. Dies ermöglicht einer Seele, sofern sie der seelischen Aufgabe einer Trennung nachkommen möchte, sich aus einer Beziehung viel einfacher und schmerzloser zu verabschieden, als dies früher möglich gewesen wäre.

Des Weiteren werden Therapien wichtig. Ihr habt neben der Reinkarnationstherapie vielfältige andere Methoden, die es ermöglichen, seelische und genetische Interdependenzen zu lösen, die weit zurück und tief hinein in die Ahnenreihe reichen. Alle Therapien, die es vermögen, das seelische Sein anzusprechen, bieten der Einzelseele die Möglichkeit, mithilfe von Bewusstwerdung Lernziele zu erreichen. Entsprechende Lernschritte müssen nun nicht mehr direkt durchlebt werden.«

Eva Maria: »Gibt es noch ein anderes Beispiel?«

Die Quelle: »Nehmen wir zur Veranschaulichung das markante Beispiel eines Tötungsdelikts. Eine weitere Möglichkeit wäre: Die Seele nimmt das Tötungsdelikt in ein weit entferntes künftiges Leben mit und versucht, dem Opfer zu begeg-

nen. Da beide Seelen nun über eine relativ hohe Schwingung verfügen, kann diese Schuld nun auf anderem Wege getilgt werden als dem direkten karmischen Ausgleich. Opfer- und Täterrollen brauchen sich nicht mehr zu vertauschen. Es kann sein, dass beide Menschen nun als fröhliche Streithammel durch das Leben gehen und immer wieder aneinandergeraten, sich aber auch immer wieder versöhnen. Auch hier sind viele Spielarten möglich. Sollte das Opfer sich in den Täter von damals verlieben – und diese Liebe wird in aller Echtheit gelebt –, so kann auch dadurch die Tat von einst ausgeglichen werden. Der Kosmos und die seelischen Welten bieten unendlich viele Möglichkeiten der Aufarbeitung des Schicksals und der Begegnungen an, die für euch noch sehr im Verborgenen liegen.«

Eva Maria: »Wir haben noch eine Frage zu Fritz Perls. Er bewunderte Wilhelm Reich für seine Entdeckung der Auswirkung von Blockaden auf den Körper. Was sind Blockaden?«

Die Quelle: »Ein sehr gutes Beispiel finden wir bei den Allergien, die in der heutigen Zeit bei euch eine große Rolle spielen. Hier kann – und wir sagen ›kann‹, muss aber nicht – eine seelische Blockade zugrunde liegen.«

Eva Maria: »Was können Allergien mit früheren Leben zu tun haben? Ich habe kürzlich von so etwas Außergewöhnlichem wie eine Pinien-Allergie gehört.«

Die Quelle: »Deine Bekannte war in einem früheren Leben eine ›Waldsammlerin‹. Sie hat alles, was die Wälder um sie

herum hergaben, erkundet und die Früchte des Waldes gesammelt, um sie auf ihre Essbarkeit zu überprüfen. Als sie einmal dabei war, die Pinienkerne aus den Zapfen zu lösen, kam es zu einem gewalttätigen Überfall. Für ihre Seele war dies ein schwerer Schock, den sie im damaligen Leben nicht verarbeiten konnte. Nun reagiert ihr heutiger Körper allergisch auf ein Essen mit Pinienkernen.
Die Seele im damaligen Leben nahm die verstörende Erfahrung über die Psyche auf, und sie nimmt heute eine neue Inkarnation zum Anlass, um das Trauma aufzuarbeiten. Dabei vermag sie in den genetischen Haushalt so einzugreifen, dass der Körper Abwehrreaktionen auf Pinien produziert.

Eine andere Möglichkeit ist, dass die Psyche sich direkt in die Genetik einschaltete und eine Abwehrreaktion auf Pinienkerne programmierte, die dann im Erbgut eines Nachkömmlings der ›Waldsammlerin‹ auftreten kann. Die Genetik hat in diesem Fall mehrere Spielarten. Sie kann dieses Programm bei einem Nachkömmling sofort ablaufen lassen, sie kann es aber auch erst ablaufen lassen, wenn ein äußerer Auslöser es aufruft. Ein solcher Auslöser kann ein ähnliches emotionales Erlebnis sein, wie bei der Vorfahrin im Wald, also ein Erschrecken durch Gewalt. Dieses Trauma könnte heute über eine Reinkarnationstherapie aufgelöst werden.

Dies erklärt noch einmal, wie Reaktionen der Psyche auf ein Erlebnis vielseitig von Seele und Körper abgespeichert beziehungsweise verarbeitet werden können. Alle Spielarten der seelischen und genetischen Interdependenz[11] *erlauben einer Seele in einem neuen Körper, Schrecken in einer abgemilderten Form durchzuarbeiten. Heute kann dies über Reinkarnationstherapien auf eine bewusste und dadurch sehr effektive Art und Weise geschehen.*

Nehmen wir einmal an, es gäbe ein Medikament, das die allergischen Reaktionen nivelliert oder den Körper derart günstig beeinflusst, dass er schwächere Abwehrreaktionen zeigt. Dann hat die Seele die Möglichkeit, den ursächlichen Schrecken in einem der nächsten Leben weiter zu verarbeiten auf einer höheren Bewusstseinsebene. Insofern ist es also für euch Menschen durchaus lindernd und hilfreich, wenn zur Behandlung von Allergien Therapien entwickelt werden. Die diesbezüglichen Erkenntnisse beruhen auf einem angewachsenen Bewusstsein und erleichtern eure Existenz als Mensch.

Was jedoch mehr und mehr interessant für euch werden dürfte, sind die angesprochenen Therapien, die mit der Psyche und mit der Seele arbeiten. Sie werden künftig auch für jüngere Seelen eine lindernde Rolle spielen können.«

Eva Maria: »Bedeutet dies, dass in der heutigen Zeit ein Schrecken nicht mehr zwangsläufig von der Psyche an die Seele und von dieser womöglich an die Genetik des Körpers weitergegeben werden muss?«

Die Quelle: »Alles, was die Psyche verarbeiten kann – sei es aus sich selbst heraus oder sei es mithilfe einer Therapie –, muss nicht mehr von der Seele in ein nächstes Leben mitgenommen und weiterverarbeitet werden. Eine Therapie führt zu einem gereifteren Zustand der Seele.«

Eva Maria: »Vielen Dank!«

Die Quelle: »An dieser Stelle möchten wir ein anderes Thema einschieben. Bitte beleuchtet die Entwicklung der Medizin und sucht gezielt nach Medizinerinnen.«

Kapitel 6

Aufgepasst bei der Geschlechterwahl!

Mann sein, Frau sein und die Folgen

Frauenarbeit im Sinne von zu erledigenden Aufgaben durch Frauen gab es schon immer, zunächst innerhalb der Familie und Sippe.[1] Die Existenz einer Frau und die von ihr zu verrichtenden Arbeiten waren über Jahrtausende geprägt durch (Stammes-, Stände-, Land- und Stadt-)Gesellschaften, die – nach bisherigen Zeugnissen der Geschichte – meist von Männern dominiert waren und vielfach immer noch sind.

Der Lebensverlauf einer Frau wurde über lange Zeit – und wird vielfach noch heute – von beschwerlichen Schwangerschaften beeinflusst und hing nicht selten am seidenen Faden von teilweise lebensgefährlichen Geburten. Darauf Einfluss zu nehmen, gelang erst in jüngster Zeit mithilfe von sicherer Empfängnisverhütung und hohen medizinischen Standards. Beides steht längst nicht in allen Ländern dieser Welt zur Verfügung. Die Fürsorge für Kinder band darüber hinaus Kräfte und schuf Abhängigkeiten. Daran änderte sich auch nichts Wesentliches durch den Umstand, dass Frauen natürlich eigenständige Entscheidungen zukamen in Zeiten, zu denen Männer Krieg führten und schlichtweg nicht vor Ort waren. Historische Ausnahmen gab es, bspw. Priesterinnen in frühen Kulturen oder frei geborene Frauen im alten Rom.

Politische Partizipation war in der attischen Demokratie im ca. fünften Jahrhundert v. Chr. Männern vorbehalten. Auch im westlichen Europa galt die Unterprivilegierung der Frau im Vergleich zum Mann auch dann noch, als sich Männer nicht nur Einnahmen aus Handwerk und Handel, sondern auch Bürgerrechte gesichert hatten.

Eine Ausnahmegestalt und frühe Kämpferin für Frauenrechte stellte Olympe de Gouges (1748–1793) dar, die 1791 ihre *Déclaration des droits de la Femme et de la Citoyenne*[2] veröffentlichte und die Nationalversammlung in Frankreich aufforderte, umgehend Frauenrechte zu verabschieden. Artikel 1 darin lautete: »Die Frau wird frei geboren und bleibt dem Manne gleich in allen Rechten.«[3] Olympe de Gouges starb während der Terrorherrschaft in der Französischen Revolution unter der Guillotine. Ihr unerwünschter Einmischungsversuch in die Männern vorbehaltene Politik soll ein wesentlicher Grund dafür gewesen sein.

Im christlichen Abendland bot das Leben als Nonne in einem Kloster eine alternative Lebensweise für Frauen. Häufig kamen die Mädchen und Frauen aus wohlhabenden Familien, denn es musste eine Mitgift mitgebracht werden. Auch Ehemänner konnten ihre Frauen in einem Kloster unterbringen. Es wurde für die Klostergemeinschaft gearbeitet, und Klostergärten erlaubten u. a. den Anbau von Heilkräutern.

Die Beschäftigung damit war für Nonnen weniger gefährlich als für schutzlose Heilerinnen und Hebammen außerhalb von Klostermauern, die schnell in Verdacht gerieten, ihr medizinisches Wissen zu missbrauchen. Sie liefen Gefahr, von kirchlichen und weltlichen Gerichten sowie aufgrund von Selbstjustiz der Magie verurteilt zu werden in Zeiten, als in Europa die Folter noch als Mittel zur Wahrheitsfindung galt und Todesstrafen öffentlich vollzogen wurden. Ende des 18. Jahrhunderts erst fanden die letzten dokumentierten Hexenprozesse statt.

Bezahlte Erwerbsarbeit für Frauen in großem Stil gab es seit der Industrialisierung. Die neuen Maschinen bedurften weniger der körperlichen Kraftanstrengung, und sie bedurften vieler Arbeitskräfte rund um die Uhr, damit die Anschaffung sich rentierte. Die Arbeit der Frauen daran war hart und kam zur Familienarbeit hinzu. Die Geschichte der neigungsorientierten, bezahlten Berufsarbeit von Frauen ist kurz und zeugt immer noch von hohen Hürden.

In der Bundesrepublik Deutschland verfügte der Mann bis 1958 nicht nur über das von der Frau in die Ehe eingebrachte Vermögen und dessen Zinsen, sondern auch über das Geld aus ihrer Erwerbstätigkeit. Ehefrauen durften bis 1977 ohnehin ohne Einwilligung ihres Gatten keine bezahlte Arbeit aufnehmen.

Frauenrechte haben sich seitdem zwar verbessert, aber Familien- und Pflegearbeit wird auch heute noch größtenteils als Privatsache betrachtet. Kinder erhöhen das Armutsrisiko ihrer Mütter. »Altersarmut ist weiblich. Im Durchschnitt erhalten Frauen in Deutschland 45% weniger Rente als Männer.«[4]

Dorothea Erxleben

Mit List zur Studienerlaubnis

Die Misere des immer noch benachteiligten weiblichen Geschlechts wurde von der Quelle anhand von ersten Medizinerinnen aufgerollt und beginnt in diesem Buch mit Dorothea Christiane Leporin. Sie wurde 1715 in Quedlinburg in eine außergewöhnlich aufgeschlossene Familie hineingeboren. Der Vater Christian Polykarp Leporin, ein Arzt, vermittelte ihr und ihrem Bruder früh medizinische Grundlagen und förderte seine stark an Naturwissenschaften interessierte Tochter sehr. Bereits als 16-Jährige durfte sie ihn auf Hausbesuche begleiten und bald auch medizinische Behandlungen übernehmen.

In einem Jahrhundert, in dem Frauen nicht zur höheren Schule oder zur Universität zugelassen wurden, wandte sich die junge Dorothea in einem Huldigungsgedicht an König Friedrich II. und erhielt so die Studienerlaubnis. Zuvor heiratete sie jedoch den fast 20 Jahre älteren Witwer ihrer verstorbenen Cousine, den Diakon Johann Christian Erxleben, und übernahm die Verantwortung für seine fünf Kinder. Nebenbei arbeitete sie als Ärztin, hatte jedoch ohne Promotion mit Anfeindungen zu kämpfen. Schließlich, nach der Geburt ihres vierten Kindes, reichte sie ihre Doktorarbeit mit 39 Jahren ein. Darin verwertete sie ihre Berufserfahrungen und kritisierte damalige Behandlungsmethoden. Sie starb 1762 in Quedlinburg vermutlich an Brustkrebs.[5]

Die Quelle: »Dorothea Erxleben besaß zwei entscheidende Persönlichkeitsmerkmale, die zu diesem außergewöhnlichen Lebenslauf führten. Zum einen verfügte sie über eine enorme Willensstärke, die beinahe an ein fanatisches Verfolgen ihrer Ziele grenzte. Zum anderen war sie eine Frau mit einer hohen intellektuellen sowie sozialen Intelligenz. Deshalb schaffte sie es, ihre Wünsche zu verwirklichen, obwohl sie in einer Zeit lebte, in der es für Frauen nahezu unmöglich war, sich medizinischen Forschungen oder der Ausübung eines akademischen Medizinerberufs zu widmen.

Erxlebens Seele war bereits im fortgeschrittenen reifen Alter und hatte in ihren vorangegangenen Leben schon sehr häufig versucht, eine medizinische Laufbahn einzuschlagen. Dies war immer wieder gescheitert, weil sie sich jedes Mal in einem weiblichen Körper inkarniert hatte. Deshalb hatte sich diese Seele geschworen, irgendwann doch einmal erfolgreich zu sein – und in jener Inkarnation als Dorothea Erxleben, geb. Leporin, ist es ihr schließlich gelungen. Erxlebens Seele entstammt einer Seelenfamilie mit der Aufgabe, das menschliche Wesen in seinen Einzelheiten zu erforschen. Und so konnte sie qua Kraft der Seelenfamilien-Aufgabe in jener Inkarnation als Ärztin ihren – wir möchten fast sagen – Obsessionen nachgehen.

Dorothea Erxleben durchleuchtete viele Krankheiten mit einer ungeheuren Beobachtungsgabe und einem messerscharfen Verstand. Sie stieß so auf den ursächlichen Kern dieser Krankheiten und auf das innere Wesen der erkrankten Menschen, sie drang aber auch zu den äußeren Umständen, zu den Grundproblemen der gesellschaftlichen Verhältnisse vor. Erxleben hatte quasi einen Röntgenblick und ›scannte‹

damit gesellschaftliche Zustände und auch das, was innerhalb ihrer medizinischen Profession getan und wie dort gedacht wurde. Ihre Beobachtungsschärfe verhalf ihr dazu, Dinge konkret ansprechen und kritisieren zu können, die sie entweder als nicht nützlich oder sogar als schädlich befand. Mit ihrem unglaublichen Willen und Durchsetzungsvermögen wagte sie es auch, damalige Therapien infrage zu stellen oder sogar anzufechten.

Die Seele von Dorothea Erxleben ruht nun in den jenseitigen Welten. Sie hat den Entschluss gefasst, sich ausreichend Zeit zu lassen und sich erst wieder zu inkarnieren, wenn sich die Bildungs- und Berufsverhältnisse für Frauen verbessert haben. Denn sie nahm aus jener Inkarnation mit, dass es für Frauen ein überaus beschwerlicher Weg ist, eine medizinische Profession oder eine wissenschaftliche Karriere zu beschreiten. Dorothea Erxlebens Seele hatte sich am Ende ihrer damaligen Inkarnation geschworen, diesen Weg unter denselben Verhältnissen nicht noch einmal zu gehen.

Es kann auf das Geschlecht bezogen ganz unterschiedliche Vorinkarnationen geben. Es kann zum Beispiel sein, dass eine Seele sich als Frau inkarniert und am Ende des Lebens den Entschluss fasst, sich das nächste Mal als Mann zu inkarnieren, um bestimmte negative Verhältnisse wirksam bekämpfen zu können. Es kann aber auch sein, dass eine Seele wieder und wieder versucht, dasselbe Ziel in weiblichen Körpern zu verwirklichen, um letztendlich doch zu erkennen, dass das Geschlecht sie am Erreichen ihres Ziels hindert.

Wenn sich eine Seele für die kommende Inkarnation vorgenommen hat, Mutter zu werden, wird sie natürlich versuchen, sich in einem weiblichen Körper zu inkarnieren. Bei manchen anderen seelischen Vorhaben spielt es keine Rolle, in welches Geschlecht die Seele sich inkarniert. Beispielsweise lassen sich Aufgaben, wie den Dingen Gestalt zu geben, in beiden Geschlechtern und auch zu allen Zeiten verwirklichen. Ein anderes Beispiel für eine Seelenaufgabe ist, den Schleier der Illusion zu lüften. Auch dies ist eine seelische Aufgabe, die in allen Körpern, egal welchen Geschlechts, sehr gut gelöst werden kann.

Jedoch immer dann, wenn es darum geht, gesellschaftliche oder akademische Positionen zu bekleiden, ist es für die Seele und die Seelenaufgabe nach wie vor von Vorteil, sich vor der Inkarnation explizit Gedanken über das Geschlecht zu machen.«

Ann Bulkley

Gibt sich als Mann aus und wird ein großer Chirurg

Einen beispiellos radikalen Weg zur Umsetzung ihres Berufswunsches schlug Ann Bulkley ein, die vermutlich am 9. November 1795 als Margaret Ann Bulkley in Belfast, Irland, geboren wurde. Bulkley musste früh einsehen, dass es zu dieser Zeit vollkommen ausgeschlossen war, Chirurgin zu werden. Sie nahm deshalb den Namen James Barry an und fälschte ihr Geburtsdatum. Briefe enthüllen entsprechende Absprachen zwischen der unterstützenden Mutter und einigen liberalen Freunden deren Bruders, um sie in ihrer neuen Identität durch die medizinische Ausbildung zu bringen. James Barry bewarb sich anschließend bei der britischen Armee, arbeitete als Feldarzt unter anderem in Indien, in Südafrika, auf Mauritius, in Trinidad, auf Malta sowie Korfu und führte den ersten Kaiserschnitt auf dem afrikanischen Kontinent durch. Er erwarb sich hohes Ansehen in der Feldchirurgie. Barry war im Umgang ungehobelt, setzte sich aber vehement für bessere Lebensbedingungen ein. Erst nach seinem Tod 1865 in London entdeckte man, dass er im rein biologischen Sinn kein Mann gewesen war.[6]

Eva Maria: »Was könnt ihr zu James Barry sagen?«

Die Quelle: »Ein überaus mutiger und interessanter Weg, sich dem Inkarnationsziel zu nähern! Die Seele von James Barry hatte schon in vergangenen Inkarnationen den Entschluss gefasst, auf dem Gebiet der Medizin tätig zu werden. Sie hatte bereits großes Interesse am menschlichen Körper entwickelt und schon früher mittels kleinerer Operationen versucht, Leiden zu lindern und Krankheiten zu heilen.

Die Seele hatte bei ihrer Inkarnation als Margaret Ann Bulkley nicht so sehr das Geschlecht im Blick, in das sie sich inkarnieren wollte, es ging ihr mehr darum, die in den vergangenen Inkarnationen gesammelten Erkenntnisse möglichst schnell noch einmal in konzentrierter Form weiterentwickeln und anwenden zu können. Als ihr weiblicher Körper heranwuchs, entdeckte sie jedoch sehr rasch, dass es nahezu unmöglich war, hier das zu verwirklichen, was sie sich vorgenommen hatte. Es kam zu der Verwandlung der Frau, die sich als Mann ausgab. Die Täuschung ist ihr so gut gelungen, dass sie bis zum Ende ihres Lebens unentdeckt geblieben ist und auch niemand an ihrem Mannsein gezweifelt hat.

Barrys Seele war ebenfalls – wie die von Erxleben – von großer Durchsetzungskraft, was es ihr ermöglichte, diese sehr herausfordernden Operationen unter harten Bedingungen im Feldlazarett auf den kriegerischen Schauplätzen der damaligen Zeit auszuführen. Barrys Tätigkeit war von großem Erfolg gekrönt, und er erwarb sich auch sehr großen Respekt. Dass er nun einen Kaiserschnitt durchführte, ist Ironie des Schicksals in Anbetracht der Tatsache, dass er – in seinem weiblichen Körper – ja eine gewisse Ahnung davon hatte, wie schmerzhaft und tödlich Geburten sein konnten.

Aus seelischer Sicht ist dies ein Beispiel dafür, wie – so könnte man sagen – aus einem ›übereilten‹ Inkarnieren ein Lebensweg resultierte, der außerordentlich war und im Nachgang eure Medizinhistoriker immer wieder in großes Erstaunen versetzt.«

Ignaz Semmelweis

Seine Seele erinnert sich an die Qualen als Frau

Aufgrund der thematischen Nähe zur Geburtshilfe nun eine Frage zu Ignaz Semmelweis, dem berühmten Chirurgen und Geburtshelfer. Ignaz Philipp Semmelweis (1818–1865) entdeckte die Ursache des Kindbettfiebers: die mangelnde Hygiene in vielen Krankenhäusern. Die Ärzte kamen dort zu den Gebärenden von unterschiedlichen Stationen aus, in denen sie zuvor Infektiöse behandelt oder Tote obduziert hatten – und zwar ohne sich die Hände gründlich zu waschen. Waren Krankenhäuser anders organisiert und kamen die Gebärenden nur mit festem Stationspersonal in Kontakt, war die Sterblichkeit auffallend geringer.

Semmelweis wurde zeitlebens vom wissenschaftlichen Establishment nicht anerkannt, denn Hygiene galt damals als überflüssige Zeitverschwendung.[7] Ein drastisches Zitat von ihm lautet: »Das Morden muss aufhören, und damit das Morden aufhöre, werde ich Wache halten, und ein jeder, der es wagen wird, gefährliche Irrtümer über das Kindbettfieber zu verbreiten, wird an mir einen rührigen Gegner finden.«[8]

Eva Maria: »Warum verstand beispielsweise Virchow die Erkenntnisse von Semmelweis nicht?«

Die Quelle: »Ignaz Philipp Semmelweis war – wie andere zuvor – ein Mann der Tat. Er machte nicht viel Federlesen um seine Person, und er scherte sich auch wenig darum, was andere über ihn dachten. Er hatte Umgangsformen, die wir einmal als relativ ›unverfeinert‹ bezeichnen möchten.

Und hier liegt auch schon die Ursache des Konfliktes mit Virchow, dessen Seelenfamilien-Aufgabe darin bestand, Dinge zu verfeinern. Ihr könnt euch sicherlich vorstellen, dass, wenn sich die Seele einer solchen Seelenfamilie inkarniert und als Mensch dann auf einen eher – vorsichtig ausgedrückt – grobschlächtigen Kollegen stößt, sich dieser Mensch in keinster Weise zu diesem hingezogen, sondern eher von ihm abgestoßen fühlt. Der Grund, warum Virchow zum Beispiel nicht begonnen hat, die Thesen von Semmelweis zu hinterfragen, zu verfeinern und zu verbessern, ist, dass Welten die beiden voneinander trennten und dass Virchow sich von Semmelweis nicht verstanden fühlte.

Ignaz Semmelweis hat dennoch Grundlegendes erkannt, das heute allen Frauen zugutekommt, die durch die schmerzhafte Prozedur einer Geburt gehen müssen. Durch ihn hielt die Hygiene Einzug in eure Kliniken und Spitäler. Zwar geschah dies nicht direkt infolge der Semmelweis'schen Entdeckung, so doch in der Nachfolge derer, die seine Erkenntnisse zu würdigen wussten und sie anwendeten.

Dass er nun zeitlebens mehreren Intrigen und Anfeindungen aus dem sogenannten wissenschaftlichen Establishment ausgesetzt war, liegt unter anderem daran, dass er in den ›vornehmen‹ Kreisen auf Widerstand stieß. Dazu führte seine nicht gerade sehr verfeinerte Sprache. Darüber hinaus hatte sich seine Impulsivität im Laufe der Zeit sehr verfestigt, sodass er in seinen späteren Jahren immer wieder wissenschaftliche und medizinische Kollegen vor den Kopf stieß. Es konnten nur sehr wenige Kollegen über ihren Schatten springen und sehen, was sich hinter der so groben und nicht sehr angenehmen Fassade dieses Menschen verbarg.

Es verbarg sich dahinter eine Seele, die aus tiefster Überzeugung heilende Erkenntnisse in die Welt bringen wollte. Heilende Erkenntnisse, die den Menschen zugutekommen sollten, die zu jener Zeit Arztpraxen und Krankenhäuser aufsuchten. Wer dies spüren konnte, wer hinter der rauen und ungehobelten Fassade dieses Mannes sein Herz und seine Seele spüren konnte, war ihm gewogen. Er hatte durchaus – neben den vielen Feinden aus dem Establishment – auch Freunde und Verehrer, wenngleich diese ihre Sympathie nicht immer offen zeigen konnten.

An jenem Leben spiegelte sich ein gesellschaftliches Konfliktfeld wider: In bestimmten Kreisen herrschte eine bestimmte gesellschaftliche Etikette vor, und einer, der diese außer Acht ließ, wurde ganz selten anerkannt, selbst wenn er sehr gute und dem Menschen dienliche Entdeckungen vorweisen konnte. Dies könnt ihr – wenn ihr so wollt – auch auf die heutige Zeit übertragen, in der es ebenfalls um die Anerkennung wissenschaftlicher Leistungen geht. Es gibt auch heute noch einen sogenannten etablierten Wissenschaftsbetrieb, in den nicht alle großen Geister aufgenommen werden und in dem sich nicht alle großen Geister behaupten können.

Und hier sind wir wieder an dem Punkt, den wir in diesem Kapitel immer wieder mit euch ansprechen möchten: Semmelweis‘ Seele hatte sich in unterschiedlichen früheren Inkarnationen als Frau inkarniert. Wie bei einigen anderen Wissenschaftlern auch, hat dies dazu geführt, dass sie in ihrer Inkarnation als Mann im tiefsten Innern versuchte, die

Leiden des weiblichen Geschlechts mit aller Liebe und mit aller Kraft und mit allem Mut zu lindern. Ignaz Semmelweis ist ein Beispiel dafür, dass sich eine Seele in entsprechender Zeit bewusst als Mann inkarnierte. Seine Zeit war noch davon geprägt, dass es für eine als Frau inkarnierte Seele nahezu unmöglich war, bestimmtes Wissen in den verschiedensten Bereichen der Wissenschaft zu erlangen, und wenn doch, dann waren es Frauen in einer sehr privilegierten Stellung.

Die Seele von Ignaz Semmelweis hatte in den vielen vorherigen Inkarnationen als Frau viele schmerzhafte Geburten erlebt. Sie hatte sich geschworen, sich in einer zukünftigen Inkarnation diesem Problem einmal anders zu widmen, als es am eigenen Körper erleiden zu müssen. Und so hat sie sich als Mann in ein gesellschaftliches Umfeld inkarniert, das es ihr ermöglichte, den Beruf des Mediziners zu ergreifen und dort wirksam zu werden.

Dass dies in einem ersten Schritt nicht von Anerkennung gekrönt war, tut seiner Bedeutung keinen Abbruch, denn es ist oft so, dass nach Zeiten der Ablehnung Zeiten der Akzeptanz folgen. Wenn ihr weiter in der medizinischen oder gesamten Wissenschaftsgeschichte forschen würdet, so würdet ihr sehen, dass dies sehr häufig der Fall war: Manche Ergebnisse finden zu Lebzeiten der Forscher und Forscherinnen eben nicht die Akzeptanz und Verbreitung, die ihnen gebührte.

Wichtig aus Sicht der seelischen Welten ist nur, dass eine Erkenntnis in die Welt kommt und dass sie ihre Fortsetzung findet. Aus unserer Sicht ist der Zeitfaktor – also, dass etwas, das entdeckt, erforscht und entwickelt wird, auch innerhalb der Lebenszeit der Forscher und Forscherinnen noch zur Blüte kommt – nicht unbedingt von so hoher Bedeutung wie für euch Menschen. Ihr erntet natürlich die Früchte eurer Arbeit gerne innerhalb einer Inkarnation.«

Eva Maria: »Ignaz Semmelweis wurde später aufgrund von schweren Depressionen in die Psychiatrie eingeliefert und ist darin umgekommen. Könnt ihr uns die näheren Umstände seines Todes nennen?«

Die Quelle: »Das Leben des Ignaz Semmelweis hat ein jähes Ende gefunden, nachdem er sich in dieser Anstalt, in die er eingeliefert worden war, nicht den Regularien unterwarf. Es kam zu einer schweren körperlichen Auseinandersetzung, an deren Folgen er verstarb.«

HENRIETTE HIRSCHFELD-TIBURTIUS

Die erste ausgebildete Zahnärztin Deutschlands

Henriette Therese Friederike Hirschfeld-Tiburtius, geborene Pagelsen, kam 1834 als Pastorentochter in Westerland auf Sylt auf die Welt. Nachdem sie ihren alkoholabhängigen Mann verlassen hatte, machte sie in Berlin ein Praktikum in einer Zahnarztpraxis und ging dann für ein Studium nach Philadelphia, USA.

Nach dem Abschluss kehrte sie nach Berlin zurück und eröffnete eine eigene und sehr erfolgreiche Praxis. Sie heiratete

Karl Tiburtius, bekam mit über 40 Jahren noch zwei Kinder und engagierte sich darüber hinaus für die Armen sowie für die medizinische Versorgung von Frauen. Sie starb 1911 in Berlin.[9]

Die Quelle: »Henriette Hirschfeld-Tiburtius war leiser und zurückhaltender als die vorangegangenen Beispiele. Neben ihrer Klugheit besaß sie eine hohe soziale Intelligenz, was dazu führte, dass sie sich immer wieder an die richtigen Personen wandte und letztendlich große gesellschaftliche Anerkennung fand – bis hin zum Königshof.

Sie hatte sich der Zahnheilkunde verschrieben, was zu der damaligen Zeit mehr als ungewöhnlich war. Ihr Weg war von weniger Mühsal gepflastert. Wenngleich auch er schwierig war, da sie sich beispielsweise die Profession auf akademischem Gebiet nur in Übersee erwerben konnte. Henriette Hirschfeld-Tiburtius bewältigte Familie und Beruf, überdies brachte sie noch Interesse und Kraft auf für ihre leidenden Mitmenschen.

Wann immer Frauen einen so schweren und exponierten Lebensweg gegangen sind, wird diese Erfahrung in den seelischen Welten gespeichert. Von dieser Erfahrung können auch andere Frauen profitieren, wenn sie eine seelische Verbindung entweder zur Seelenfamilie oder direkt zu den Seelen dieser Frauen haben.

Die Emanzipation der Frau hat vor allen Dingen zu Beginn des letzten Jahrhunderts in euren westlichen Gesellschaften und besonders in Deutschland einen großen Vorwärtssprung genommen. Sie wird sich auch in Zukunft in weiteren Inkarnationen fortsetzen. Was einmal an Fortschritt war, kann nicht mehr rückgängig gemacht werden. Es sind gelebte Erfahrungen, es ist eine gelebte Energie, die in den seelischen Welten gespeichert wird und sowohl von einzelnen Seelen als auch kollektiv von Seelenfamilien abgerufen werden kann.

Wenn sich junge Frauen heute für den medizinischen Beruf begeistern und im Rahmen ihres Studiums darauf stoßen, dass sie innerhalb der Geschichte bereits großartige Mitstreiterinnen hatten, können sie dadurch besonderen Antrieb für ihren beruflichen Lebensweg gewinnen. So in etwa könnt ihr es euch auf übertragene Weise innerhalb der seelischen Welten vorstellen. Je mehr Seelen eine Inkarnation als erfolgreiche Frau in den vermeintlich männlichen Professionen gelebt haben, je mehr wird diese seelische Erfahrungsenergie angereichert und je mehr werden Seelen aus den einzelnen Seelenfamilien ermutigt, diesen Weg erstmalig oder erneut zu gehen. Dass es heute für Frauen mehr oder weniger kein Problem mehr ist, Ärztin oder Wissenschaftlerin zu werden, ist also nicht nur dem gesellschaftlichen Fortschritt geschuldet, es ist vielmehr eine wechselseitige Entwicklung, die immer wieder aus den seelischen Welten gespeist worden ist und wird.

Wir möchten euch immer wieder ermutigen, euch euren Innenwelten zu öffnen. Trainiert eure Fähigkeiten, Informationen aus den seelischen Welten zu erhalten, damit sich diese seelische Energie in erhöhtem Maße entfalten und euren Fortschritt vorantreiben kann.«

Eva Maria: »Vielen Dank! Dazu noch eine aktuelle Frage: Ist Medialität ›weiblich‹? Oder woran liegt es, dass so viele geistige Medien Frauen sind?«

Die Quelle: »Auch wenn ihr als Menschen manchmal besorgt seid oder hadert mit dem, was auf euch zukommt an Veränderungen in gesellschaftlicher Hinsicht, so möchten wir doch sagen, dass eure Seelen sich in eine Zeit inkarniert haben, die sehr viel Potenzial birgt – Potenzial in der Hinsicht, dass mehr und mehr Kontakte ins Jenseits für die Menschen möglich sind und sie sich einem neuen Wirklichkeitsverständnis öffnen können und dürfen.

Grundsätzlich ist Medialität nicht an ein Geschlecht gebunden. Medialität kann beiden Geschlechtern und auch dem sogenannten dritten Geschlecht gegeben sein, jedoch spielt die Zeitqualität eine große Rolle. Frauen haben spirituelle Antennen, die für die derzeitige kosmische Schwingung besonders empfänglich sind.

Es ist für Frauen inzwischen auch einfacher, ihre Medialität offenzulegen. Ihr könnt heute einen Beruf wählen, ihr könnt heiraten oder nicht, ihr könnt euch für oder gegen Kinder entscheiden und seid – sofern ihr einer bestimmten Bildungsschicht angehört – sehr frei in eurer Lebensgestaltung.«

Kapitel 7

Das Bewusstsein macht Sprünge

Materie verändert sich und die Zeit wird schneller

Die beginnende Aufsplitterung in Einzelwissenschaften im 17. Jahrhundert kann als ein wesentlicher Grund dafür verstanden werden, dass die Wissenschaft fortan die Schöpfung und die Seele ›vergaß‹. Beide wurden den christlichen Kirchen überlassen, die mit diesen Schätzen wenig erkenntnisoffen umgingen. Die Wissenschaften kamen eine Weile ohne sie aus.

Anfang des 20. Jahrhunderts tauchte die Seele bei der Analyse der Psyche, wenn auch nicht scharf von ihr unterschieden, unvermittelt wieder auf. C. G. Jung erkannte, dass aus den Tiefen des Unterbewusstseins kreative Ideen aufsteigen können. Gemeinsam mit dem von ihm postulierten überpersönlichen Wissensschatz, dem sogenannten kollektiven Unbewussten, war beides eine heiße Spur hin zu den seelisch-geistigen Welten. Dies war ihm jedoch noch nicht bewusst, auch nicht, dass die Seele und ihre Reinkarnation diesen Phänomenen zugrunde liegen.

Das Bewusstsein steigt innerhalb der Menschheitsgeschichte an, wie wir nun wissen. Um zu verdeutlichen, wie es dabei auch Sprünge macht und damit jeweils eine besondere Qualität der Zeit erschafft, bat uns die Quelle, die Geschichte der Astronomie noch einmal eigens aufzurollen – im Zeitraffer sozusagen.

Thales von Milet

Die Erde ruht auf dem Wasser

Die Beobachtung der Gestirne gab es vermutlich bereits in der Steinzeit, damals noch mit dem bloßen Auge und ohne technische Hilfsmittel natürlich – sieht man einmal von eigentümlichen Steinbauten ab, die möglicherweise schon sehr frühen Kulturen der Beobachtung des Himmels dienten. In der ägyptischen Hochkultur wurden Himmelskörper beobachtet, die erfassbaren Daten festgehalten und für die Zeitrechnung sowie die Landwirtschaft genutzt. Thales von Milet lebte von ca. 624 bis 548 v. Chr. im antiken Griechenland und betätigte sich als Mathematiker und Astronom.

Eva Maria: »Thales von Milet gilt als Astronom des archaischen Griechenlandes. Seine Sicht auf die Erde und den Himmel führte angeblich zu der fast poetischen Einschätzung, dass die Erde auf dem Wasser schwimme und deshalb so ruhig liege.«[1]

Die Quelle: »Thales von Milet war Philosoph, Mathematiker und Astronom, was damals ja keine getrennten Wissenschaften waren, sondern ein eng verbundener Erkenntnisweg zum Erfassen des Kosmos und zum Begreifen der menschlichen Existenz. Seine Seele war in ihrer ersten Ausschüttung bereits am Ende der Steinzeit inkarniert gewesen und hatte als Thales von Milet schon viele Stationen in ihrer Inkarnationsreihe hinter sich. In Thales von Milet ruhte eine Seele im sehr fortgeschrittenen reifen Seelenalter – für die damalige Zeit.

Zu Beginn der Ausschüttung der Seelen waren die Wege der Seelen noch nicht so explizit von unterschiedlichen Erkenntniswegen geprägt wie heute. In den Anfängen der seelischen Ausschüttung gab es noch nicht ›Reifeschichten‹ der seelischen Erkenntnis, durch die die Seelen von der ganz jungen Seele bis zur alten Seele wandern. Diese haben sich erst im Laufe der langen, langen seelischen Inkarnationswege herausgebildet. Die Aufgaben der einzelnen Seelenfamilien prägten sich im Laufe der Jahrtausende immer weiter aus, und es kam zu immer detaillierteren Aufgaben.

Der Zeitpunkt in der Geschichte hat also damit zu tun, welche Reife die Einzelseele, welche Reife die Seelenfamilie und die gesamten seelischen Welten besitzen. Um dies zu veranschaulichen, baten wir euch, sehr weit zurückzugreifen innerhalb der Geschichte der Kosmologie.

Zur Zeit von Thales von Milet hatten sich schon sehr viele reife Seelen und alte Seelen inkarniert, was die Voraussetzung dafür war, dass er grundlegende Erkenntnisse für die abendländische Wissenschaft von den Sternen erlangen konnte. Er besaß eine sehr scharfe Beobachtungsgabe, die er auch auf das Betrachten der Gestirne in der Nacht anwandte. Er konnte einen Bezug zwischen dem Lauf der Gestirne und eurem Planeten Erde herstellen. Es gab für ihn in manchen Nächten nichts Faszinierenderes, als die Sterne zu betrachten. Dies war für ihn auch ein mystisches Erlebnis, denn als ältere Seele fühlte er sich mit dem Kosmos in ganz besonderer Art und Weise verbunden.

Es gab mit Thales von Milet damals schon Gelehrte, die das, was ihr heute ›Spiritualität‹, und das, was ihr heute ›Wis-

senschaft‹ nennt, aus einer ganzheitlichen Betrachtungsweise erfassen und miteinander verbinden konnten. Es ist – um es einmal sehr vereinfachend zu sagen – meistens eher den reifen und alten Seelen gegeben, in ihrer jeweiligen Inkarnation als Mensch zwischen spiritueller und wissenschaftlicher Erkenntnis Verbindungen zu ziehen. Auch zukünftig werden – wie ihr heute sagt – Kosmologinnen und Kosmologen in der Trennung von Spiritualität und Wissenschaft verbleiben und diesen Erkenntnissprung nicht wagen können. Aber es werden sich auch mehr und mehr alte Seelen inkarnieren, die auf diesem Gebiet Großartiges leisten. Doch blicken wir zunächst zurück.«

Eratosthenes von Kyrene

Der Umfang der Erde ist berechenbar

Eva Maria: »Eratosthenes von Kyrene lebte von 276 bis 194 vor Christus und war ein außergewöhnlicher Mathematiker, Geograph, Astronom, Philosoph, Dichter und Historiker. Seine Bestimmung des Erdumfangs beruhte auf genauen Messungen und Berechnungen. Er hat ein halbes Jahrhundert lang die Bibliothek von Alexandria geleitet.«[2]

Die Quelle: »Die griechische Kultur war zu der damaligen Zeit eine Hochkultur. Viele alte Seelen vermochten sich in sie zu inkarnieren, und sie vermochten ihr gesammeltes Wissen qua seelischer Inkarnationen auf verschiedenen Gebieten der damaligen Gesellschaft zur Verfügung zu stellen. Und so war dies auch bei Eratosthenes der Fall. Seine alte Seele fand in der Verwaltung von Wissen als Bibliothekar ihre hauptsächliche Erfüllung, weil sie dort all das Wissen, das im Laufe von Inkarnationen angesammelt worden war, vorfand und sich diesem Wissen in aller Tiefe und Ausführlichkeit widmen konnte. Seine Seele inkarnierte sich später noch einmal als Wissenschaftler, der besonders in philosophischer Hinsicht neue Gedanken in die Welt brachte.

Was wir zu Eratosthenes noch sagen möchten, ist: Es kommt häufig vor, dass Seelen, wenn sie ein oder mehrere Leben mit Forschung, gleich welcher Disziplin, verbracht haben, sich später gerne erneut inkarnieren, um diese Erkenntnisse sozusagen Revue passieren zu lassen. Und so findet ihr diese Seelen sehr häufig in Institutionen wie Buchhandlungen, Bibliotheken oder Archiven, also in Einrichtungen, die Zugang zu gesammeltem Wissen bieten – bis hin zu der heutigen Online-Bibliothek Wikipedia, die ihr nun in digitaler Form nutzen könnt.«

Claudius Ptolemäus

Die Erde steht (noch) im Mittelpunkt

Claudius Ptolemäus war erneut vieles in einer Person: Mathematiker, Philosoph und Astronom, aber auch Geograph und Musiktheoretiker. Er lebte von 100 bis 160 n. Chr. und soll in Alexandria gewohnt haben; Ägypten war damals eine römische Provinz. Sein Weltbild von der Erde im Mittelpunkt konnte alle freiäugig messbaren Himmelsbewegungen der Planeten erklären und galt noch weit bis ins 16. Jahrhundert hinein. Er hatte allerdings die fortschrittliche Lehre u. a. des Aristarchos von Samos ignoriert, der mindestens 300 Jahre früher bereits ein heliozentrisches Weltbild vertreten hatte. Die Kirche jedoch mochte den Gedanken von der Erde, dem Menschen sowie ihr selbst im Zentrum und hielt auch dann noch daran fest, als er sich bereits überlebt hatte. Ptolemäus veröffentlichte u. a. das 13-bändige Werk *Almagest* über Mathematik und Astronomie.

Die Astrologie war eine über Jahrtausende der Astronomie nahestehende Lehre – beide wurden häufig in Personalunion betrieben –, die anhand der Stellung von Gestirnen versuchte, u. a. zukünftige Ereignisse zu bestimmen. Auch zur Astrologie veröffentlichte Ptolemäus; das vierbändige Grundlagenwerk hieß *Tetrabiblos*.[3]

Die Quelle: »In Claudius Ptolemäus hatte sich eine gereifte Seele inkarniert, die jedoch nicht so sehr aus den vergan-

genen Inkarnationen ihre Impulse und Eingebungen bezog, sondern – wie es häufig bei gereiften Seelen zu sehen ist – aus dem Dialog mit Anderen. Hier war es also nicht so sehr das Wissen, das er sich qua Seele aus vergangenen Inkarnationen angeeignet hatte und das ihn befeuerte, sondern es war eher eine Neugier auf das, was dort oben am Himmel zu sehen ist, und der Wunsch, zu verstehen, wie sich die Gestirne auf das menschliche und irdische Sein auswirken.«

REGIOMONTANUS
Astronomische Daten für die Seefahrt

Ein Sprung ins 15. Jahrhundert fördert mehr biografische Details zutage. Johannes Müller, später Regiomontanus genannt, wurde 1436 in Königsberg, bei Coburg, in eine wohlhabende Familie hineingeboren.

Bereits mit 14 Jahren immatrikulierte er sich an der Hochschule von Wien. Dort gab es eine Fakultät, die als eine der wichtigsten mathematisch-astronomischen Schulen der damaligen Zeit galt. Der kaiserliche Hof in Wien gab wenig später Horoskope bei ihm in Auftrag. Später gründete Regiomontanus eine eigene Druckerei, wo er seine *Epheremides astronomicae* – eine Art von Koordinatensystem mit den täglichen Positionsangaben von Sonne, Mond und Planeten – vervielfältigte. Diese benutzte Christoph Kolumbus zur Navigation auf seinen Seewegen. Papst Sixtus IV. holte ihn 1475 nach Rom, wo er an der anstehenden Kalenderreform mitarbeiten sollte, jedoch verstarb er dort bereits ein Jahr später.[4]

Die Quelle: »Dieser gewaltige zeitliche Sprung ist aus seelischer Sicht sinnvoll. Im 15. Jahrhundert war das gesamtseelische Bewusstsein bereits so stark angewachsen, dass es zu Erfindungen kommen konnte, die die Basis für die Erforschung der Sterne über die kommenden Jahrhunderte lieferten.

Regiomontanus widmete sich zurückgezogen seiner Aufgabe, den Lauf der Gestirne zu berechnen. Er lebte gewissermaßen auf einer komfortablen wissenschaftlichen Insel, weil er von wirtschaftlichen Sorgen unbehelligt blieb. Er war ein brillanter Kopf, der zu seiner Zeit noch mehr Aufmerksamkeit aus der gesamten wissenschaftlichen Welt verdient hätte. Seine Seele kam aus einer Seelenfamilie, deren Mitglieder bereits auf kausaler Ebene angekommen und heute als kausale Quelle tätig sind.

Damals hatte diese Seelenfamilie die Aufgabe, den Himmel zu betrachten – tatsächlich nur den Himmel zu betrachten. Wie ihr unschwer vermuten könnt, hatte sich diese Seelenfamilie zu einer weit zurückliegenden Zeit in Menschen inkarniert, die – aus eurer heutigen Sicht – ein einfaches Leben in freier Natur führten. In diesen Leben war es möglich, die Sterne bei Nacht zu betrachten, aber auch sämtliche Himmelsphänomene genau zu beobachten, die sich zu Tageszeiten und im Verlauf der Jahresphasen bildeten. Diese Seelenfamilie wurde zu einer großen seelischen Unterstützung für die späteren Astronomen.«

Eva Maria: »Was macht diese kausale Quelle, zu der die Seele Regiomontanus gehört, heute in der kausalen Welt?«

Die Quelle: »Diese Seelenfamilie hat es vorgezogen, keinen Kontakt zu inkarnierten Seelen aufzunehmen – anders als wir, die wir über geistige Medien zu euch sprechen. Sie sieht ihre Aufgabe in der Vernetzung des Wissens, das sie und andere Seelenfamilien erarbeitet haben, und fungiert als Impulsgeber für andere Seelenfamilien, die sich einer ähnlichen Aufgabe widmen und deren Seelen noch inkarniert sind. Manche kausalen Quellen sind wie Wanderprediger, die da und dort ihre Impulse weitergeben und dann weiterziehen.«

Als Begründer der modernen Astronomie gelten zwei Naturforscher und Zeitgenossen, die aus sehr unterschiedlichen gesellschaftlichen Umfeldern kamen: der eher bescheidene Deutsche Johannes Kepler, Sohn eines Söldners, und der streitbare italienische Galileo Galilei, Spross einer verarmten Patrizierfamilie, der das glatte gesellschaftliche Parkett des damaligen Italiens mit einigem Selbstbewusstsein betrat. Beide vertraten die Lehre des Kopernikus, der 1543 in seinem Hauptwerk *De revolutionibus orbium coelestium* festgehalten hatte, dass sich die Erde um ihre eigene Achse drehe und als Planet wie andere Planeten um die Sonne kreise.[5]

Galileo Galilei

Das heliozentrische Weltbild und die feine Gesellschaft

Galileo Galilei wurde 1564 in Pisa geboren. Der Vater Vincenzo war ein passionierter Lautenspieler und zeigte als Musiktheoretiker mathematische Interessen. Er entdeckte den mathematischen Zusammenhang von Saitenlänge und Tonhöhe.[6]

Nach seiner Erziehung im Kloster wollte Galilei in den Benediktiner-Orden eintreten. Doch der Vater bestand darauf, dass er zur Familie zurückkehrte, und ließ ihn Medizin studieren. Der eigenwillige Galilei wechselte jedoch zur Mathematik und erhielt bereits 1589 den Lehrstuhl für Mathematik an der Universität von Pisa, drei Jahre später den an der Universität von Padua. Er entdeckte u. a. anhand von Kugeln, die er eine schiefe Ebene hinunterrollen ließ, den Unterschied von Geschwindigkeit und Beschleunigung.

Später, 1623, sollte er schreiben: »Die Philosophie[7] steht in diesem großen Buch geschrieben, dem Universum, das unserem Blick ständig offenliegt. Aber das Buch ist nicht zu verstehen, wenn man nicht zuvor die Sprache erlernt und sich mit den Buchstaben vertraut gemacht hat, in denen es geschrieben ist. Es ist in der Sprache der Mathematik geschrieben, und deren Buchstaben sind Kreise, Dreiecke und andere geometrische Figuren, ohne die dem Menschen unmöglich ist, ein einziges Wort davon zu verstehen; ohne diese irrt man in einem dunklen Labyrinth herum.«[8]

Zunehmend interessierte er sich für die Astronomie. Mit einem durch ihn weiterentwickelten Fernrohr konnte er die Krater des Mondes genauer erkennen und seine zerklüftete Oberfläche. Eine veröffentlichte Federzeichnung dazu machte ihn 1610 schlagartig berühmt. Er erhielt eine Stelle als Hofmathematiker in Florenz, ohne Lehrverpflichtung, und wurde Akademie-Mitglied der Florentiner Accademia della Crusca, die sich der Bewahrung der italienischen Sprache widmete und auch heute noch besteht. Aufgrund übernommener Führungsaufgaben dort zog er nach Florenz um, wobei er wahrscheinlich seine Haushälterin damals zurückließ, mit der er drei Kinder hatte. Die beiden noch minderjährigen Mädchen brachte er in einem Kloster unter, der Sohn wurde später von ihm legitimiert.

Mit den Jahren wurde es – trotz vieler Gönner – immer schwieriger, aufgrund seiner astronomischen Aussagen nicht das Missfallen der katholischen Kirche zu erregen, die ihn zur öffentlichen Zurücknahme seines kopernikanischen Weltbildes aufforderte und ihn zu Hausarrest verurteilte. Galilei glaubte an einen Gott, dessen Wirken mithilfe von Wissenschaft zu entschlüsseln wäre.[9] Manche Biografen werfen ihm zu viel Anpassung, andere unnötige Provokation der Herrschenden vor.[10] Er starb nach gregorianischem Kalender 1642 in Arcetri bei Florenz.

Die Quelle: »Galileis familiäre Verhältnisse waren nicht gerade eine Voraussetzung für ein sorgloses wissenschaftliches und für ein makelloses gesellschaftliches Leben. Und dennoch hat es Galileo Galilei vermocht, sich gegen alle Widrigkeiten, die ihm im Rahmen seiner familiären und gesell-

schaftlichen Situation begegneten, zu stemmen und das Beste daraus zu machen. Wenn er in einen Konflikt geriet mit einer weltlichen oder einer kirchlichen Obrigkeit, schaffte er es, sich hindurchzulavieren – auf eine Art und Weise, die Leib und Leben nicht schadete und nicht verhinderte, dass er weiterhin seinen inneren Überzeugungen und seinen Forschungen folgen konnte.

So war es auch, als er der Häresie angeklagt und es ihm verboten war, seine Thesen als wissenschaftliche Wahrheit anzusehen und seine Überlegungen zu publizieren. Er hat diese Zeit der Zurückgezogenheit für sich so gut genutzt, dass sie später fruchtbar wurde für sein gesamtes Schaffen in der Welt. Es mögen – aus eurer Sicht – seine Erkenntnisse hauptsächlich auf den Gebieten der Mathematik und Astronomie gelegen haben, aber er hatte auch Verdienste in der Philosophie und Theologie. Aus unserer Sicht hatte er außerdem ›Verdienste‹ hinsichtlich seines gesellschaftlichen Lebens, indem es ihm immer wieder gelang, schwierige Situationen für sich zu nutzen und Auswege zu finden, um seinem inneren Forschungsdrang nachkommen zu können.

Galileo Galileis Seele war ihrem Seelenruf gefolgt, keiner externen Meinung oder Regel Glauben zu schenken – und trotzdem zu überleben. Für Galileis Seele hatte es einige vorausgegangene Inkarnationen gegeben, die tragisch endeten. Das Ende der Inkarnation kam entweder gewaltsam oder verhinderte, dass die Seele das vollbringen konnte, was sie vollbringen wollte, und zwar immer dann, wenn ein unauflösbarer Konflikt mit der vorherrschenden Meinung oder geltenden Doktrin bestand. Deshalb hatte sich diese Seele vorgenommen, wenn ihr noch einmal die Möglichkeit gege-

ben werden sollte, eigene Erkenntnisse zu erlangen und eine Persönlichkeit des öffentlichen Lebens zu werden, dieses Mal klüger vorzugehen. Sie wollte sich nicht komplett anderen vorherrschenden Denkrichtungen beugen, dadurch aber auch kein Leid erleben müssen. Im Konflikt mit dem Klerus damals wusste Galileis Seele um die drohende Gefahr für sein Leben. Deshalb verhielt sich Galilei so, dass er bei seiner Meinung bleiben konnte, jedoch nicht mit dem Leben dafür bezahlen musste.«

Eva Maria: »Galileo Galilei machte auch zahlreiche Erfindungen.«

Die Quelle: »Bahnbrechend war die Weiterentwicklung des Fernrohrs, sodass es möglich war, damit den Himmel in 33-facher Vergrößerung zu beobachten. Dies wiederum war die Voraussetzung für eine Reihe von Erkenntnissen, die bis heute zu den Grundlagen der modernen Kosmologie gehören – etwa die Tatsache, dass die Milchstraße aus einzelnen Sternen besteht und kein ›Nebel‹ ist, dass die Mond- und die Sonnenoberflächen nicht glatt sind oder dass Jupiter von vier Monden umkreist wird.[11]

Dass Galilei die Mathematik in die Welt der Wissenschaft nachhaltig einführte, werten wir als einen enormen Schub der Erkenntnis für die gesamte Menschheit. Zwar gab es die Mathematik natürlich schon in früheren Zeiten. Aber dass diese Welt der Zahlen eine Sprache sein könnte, mit deren Hilfe es möglich ist, die Erde und den Kosmos zu beschreiben, war ein Novum.

In Galilei wohnte keine alte Seele, was sich an seinem gesellschaftlichen Leben wunderbar ablesen lässt. Denn als jüngere reife Seele genoss er es, sich in höheren gesellschaftlichen Kreisen zu bewegen. Seine Seele hatte in den vorangegangenen Inkarnationen ausreichend dazugelernt, um hier mit komplizierten Umgangsformen, Intrigen und sonstigen Gepflogenheiten fertig zu werden. Hätte in Galilei eine ältere Seele gewohnt, hätte es sein können, dass ihm genau dieses Zurechtkommen innerhalb der Gesellschaft nicht so gut gelungen wäre.

Was seine familiäre Situation betraf, orientierte er sich auch hier nicht an den vorherrschenden Regeln. Er hatte einflussreiche Freunde, die dafür sorgten, dass seine unehelichen Kinder eine einigermaßen gesicherte Existenz erhielten.

Aus unserer Sicht ist an Galilei so interessant – neben allem, was er für die Wissenschaft entdeckt hat –, wie klug er sich innerhalb seines gesellschaftlichen Umfelds bewegte und es zu seinem Vorteil nutzte, dabei dem Ruf seiner Seele folgend: Weltbilder, Theorien oder institutionelle Regeln infrage zu stellen.«

Eva Maria: »Was sagt ihr zu Galileis Seelenfamilie?«

Die Quelle: »Seine Seelenfamilie untersucht Denkrichtungen und stellt sie dann infrage. Galileis Seele hat sich einen besonders schwierigen Teil der Seelenfamilien-Aufgabe ausgesucht: auf einem besonders glatten Parkett Theorien und Dogmen infrage zu stellen.«

Johannes Kepler

Die Planetenbahnen sind elliptisch

Der Astronom Johannes Kepler wurde 1571 in sehr ärmliche Verhältnisse hineingeboren. Die Familie lebte in der freien Reichsstadt Weil der Stadt, heute zum Großraum Stuttgart gehörend. Der Vater war Söldner, die Mutter sammelte Kräuter und wurde später als Hexe angeklagt, wobei Kepler sie vor Gericht verteidigte und sie frei bekam. Die Liebe zu den Sternen verdankte er ihr. Kepler war bereits als Kind kränklich und hatte ein schlechtes Sehvermögen.

Trotzdem berechnete er später die Planetenlaufbahnen, nachdem er von dem dänischen Astronomen Tycho Brahe, für den er arbeitete, die Beobachtungsdaten zu den Planeten erhalten hatte. Ihre Bahnen erwiesen sich als elliptisch, was auch Galilei überraschte. Die drei Keplerschen Gesetze ersetzten nunmehr die Vorstellung von körperlosen Wesen, die die Planeten auf ihren Bahnen bewegten.

Sie inspirierten weitere Astronomen, unter ihnen auch Newton, zum Nachdenken über das Phänomen der Gravitation. Die Erdrotation und das weite Durchmessen der Planeten des unvorstellbar großen Sonnensystems waren mit dem Faktor Zeit verbunden. Dreihundert Jahre später sollte Albert Einstein mit seiner allgemeinen Relativitätstheorie einen wiederum überraschenden Zusammenhang formulieren, der zwar dem Laien selbst heute noch kaum verständlich, aber auch für ihn gültig ist: Er deutete erstmals die Gravitation als geometrische Eigenschaft der gekrümmten vierdimensionalen Raumzeit.

Insgesamt führte Kepler ein sehr schwieriges Leben, das ihn dazu zwang, immer wieder neue Einkommensquellen aufzutun und Förderer oder Gönner zu finden. Dies hielt ihn nicht von seiner optimistischen Auffassung ab, dass die Welt Abbild einer göttlichen Harmonie sei. Keppler starb – nach gregorianischem Kalender – 1630 in Regensburg.[12]

Die Quelle: »Johannes Kepler wurde in eher ärmliche Verhältnisse hineingeboren und war in seinen ersten Lebensjahren kränklich. Er hatte zeitlebens unter einer Sehschwäche zu leiden. Was aus eurer menschlichen Sicht ein Nachteil ist, sehen wir aus unserer Perspektive anders. Die alte Seele, die Kepler innewohnte, hatte sich diese Lebensumstände genauso ausgesucht, so seltsam euch dies auch erscheinen mag. Sie hatte sich diese Familie ausgesucht, sie hatte sich diese Mutter ausgesucht, mit der Kepler auch karmisch verbunden war. Beide Seelen kannten einander bereits aus einem früheren Leben. Dies zu Beginn dazu, dass die Mutter später der Hexerei angeklagt wurde und ihr Sohn sie erfolgreich verteidigte.

So schrecklich sich diese Gegebenheiten aus heutiger Sicht darstellen mögen, so mehr oder weniger selbstverständlich waren sie zu jener Zeit. Wann immer ihr versucht, Leben in jener Zeit rückblickend zu beurteilen, tut ihr dies aus eurem heutigen Bewusstsein heraus und vermögt nicht ganz zu verstehen, wie die Menschen damals handelten und warum sie so handelten. Kepler zog sich – als ältere Seele – gerne in seine körperlichen Schwächen zurück und machte dies zu seinem Vorteil, indem er mit Tycho Brahe eine Verbindung einging. Beide ergänzten sich in ihren Fähigkeiten sehr gut, wenngleich diese Beziehung nicht immer unproblematisch war.

Johannes Kepler unterschied sich von seinem Zeitgenossen Galileo Galilei vor allem durch sein hohes Seelenalter. Er vermochte sich nicht so elegant und clever auf dem gesellschaftlichen Parkett zu bewegen wie sein italienisches Pendant zu jener Zeit. Er barg in sich eine der alten Seelen, die sich in ihr Innerstes vertiefen und auf diese Art und Weise aus dem Unterbewussten schöpfen können. Er war, ähnlich wie Leibniz, über sein Unterbewusstsein mit vielen anderen Seelen – ob inkarniert oder nicht – verbunden und empfing so Impulse für seine eigenen Überlegungen. Dass er sich bereits als Kind für die Sterne interessierte, ist darauf zurückzuführen, dass er sich bereits in vergangenen Inkarnationen damit beschäftigt hatte. Die Aufgabe seiner Seelenfamilie liegt darin, planetarisches Bewusstsein in die Welt zu bringen. Ihre Mitglieder befassen sich mit dem Planeten Erde und dem Kosmos.«

Edmond Halley

Mit Gespür für die Zeichen der Zeit

Edmond Halley (1656–1742) war ein englischer Mathematiker, Kartograph, Geophysiker, Meteorologe sowie Astronom. Nach ihm wurde später ein lichtstarker Komet benannt, der nachweislich bereits im Jahr 240 v. Chr. gesichtet worden war und im Mittel alle 75,3 Jahre wiederkommt.[13] Halley sagte 1705 richtig voraus, dass sich dieser Komet im Jahr 1758 wieder zeigen würde, was in die Zeit nach seinem Tod fiel.

Zuvor widmete er sich mit Freude und Vehemenz seinen naturwissenschaftlichen sowie abenteuerlich-visionären Interessen und war darin eine Art Tausendsassa und Pionier. So bereiste Edmond Halley 1680/1681 Frankreich sowie Italien und initiierte einen wissenschaftlichen Austausch der Sternwarten von Paris und Greenwich. Er besuchte 1684 Isaac Newton in Cambridge, um mit ihm Fragen zu den Keplerschen Gesetzen zu besprechen, deren Beweise Newton bereits in der Schublade liegen hatte. Halley drängte ihn daraufhin, seine *Principia Mathematica* zu vollenden. Er streckte ihm die Druckkosten vor, was ihn selbst in finanzielle Schwierigkeiten brachte.

Halley ließ sich 1690 in einer verbesserten Taucherglocke auf den Boden der Themse hinab. Zwischen 1698 und 1700 war Halley als Kommandant des ersten Forschungsschiffs der Royal Navy, der HMS Paramour, im Süd- und Nordatlantik unterwegs und hielt die Ausrichtung der Magnetnadel systematisch fest. Als Berater der ersten Lebensversicherungsgesellschaft der Welt, der Amicable Society, die 1706 in London gegründet wurde, schuf er die mathematischen Grundlagen der Lebensversicherungsmathematik.

1720 schließlich wurde er zum königlichen Astronomen und Leiter der Sternwarte in Greenwich ernannt für seine Verdienste um die Bahnbestimmung von Kometen. Einige falsche Thesen zum Aufbau des Erdkerns taten seinem Ansehen keinen Abbruch.[14]

Die Quelle: »Edmond Halley verifizierte mit seinen astronomischen Erkenntnissen zum einen Isaac Newton, zum anderen unternahm er Anstrengungen, das Phänomen der Zeit zu erfassen, was auch der Auftrag seiner Seelenfamilie ist.

Zunächst war die Drehbewegung der Erde um die eigene Achse und um die Sonne eine einfache Maßeinheit. Es wurden immer mehr verfeinerte Zeitmessungen entwickelt, von der Sonnenuhr bis hin zur digitalen Uhr. Nichts, aber auch gar nichts, könnte ohne den Aspekt der Zeit entdeckt und entwickelt werden, zumindest was die Kosmologie betrifft. Allein schon, wann das Licht, das von einem Stern ausstrahlt, bei euch auf der Erde ankommt, ist von großer Bedeutung für viele Bestimmungsprozesse. Es geht heute mehr und mehr darum, das Phänomen der Zeit als eine Dimension der kosmischen Wirklichkeit zu begreifen – und es wird euch immer schwerfallen zu akzeptieren, dass ihr mit eurer irdischen Existenz im Raum-Zeit-Gefüge gewissermaßen gefangen seid.

Doch bei der Zeit gibt es nicht nur einen linearen Aspekt, den ihr hinsichtlich von Vergangenheit, Gegenwart und Zukunft erlebt, sondern es gibt auch einen Qualitätsaspekt, der *zu beachten ist. Und genau dieser hängt mit den kosmologischen Gegebenheiten* zusammen. Halley hatte ein Gespür dafür.*

Dazu bitten wir euch, uns Fragen zu besonders einflussreichen Ereignissen auf die westlich-abendländische Kultur zu stellen.«

Eva Maria: »Im 5./4. Jahrhundert v. Chr. lebten die beiden Philosophen Sokrates und Platon, die mit ihrem Denken viel Einfluss auf unsere Kultur nahmen. Als nächstes Datum sehen wir dann die Geburt Christi und das Entstehen der christlichen Religion.«

Die Quelle: »Beginnen wir einmal so: Wenn wir von einer neuen Zeitqualität von wirklich epochalem Ausmaß sprechen, dann setzen wir diese mit der Lebenszeit des Mannes an, den ihr Jesus Christus oder Jesus von Nazareth nennt. Nach dessen Geburt richtet sich eure westliche Zeitrechnung bis heute. Auch wenn diese Zeitrechnung erst im Nachhinein festgelegt wurde, so hatte doch die Zeit um Christi Geburt eine epochale Qualität, in der es aufgrund der vorangegangenen Epochen und Hochkulturen möglich geworden war, grundlegend neue Ideen in die Welt zu bringen.

Es ging ihr eine Zeit voraus, in der ein großer ›Pool an Ideen‹ angelegt worden war, die jedoch nicht in einem ver-

---

*Unter ›kosmologischen Gegebenheiten‹ versteht die Quelle bspw. Phänomene der seelisch-geistigen Bewusstseinsenergie, u. a. deren Ansteigen. Dieser Gedanke ist noch ungewohnt, da wir mit Kosmos meist Planeten und starke physikalische Energien assoziieren, aber nicht Bewusstsein.

gleichsweise freien Diskurs standen. Dies war erst mit den beiden großen Philosophen Platon und Aristoteles möglich. Mit der Attischen Demokratie wurde der Grundstein gelegt für eine neue Art des menschlichen Umgangs innerhalb eurer gesellschaftlichen Systeme und für eine neue Art der Auseinandersetzung mit den Ideen eines jeden. In der Region, in der Jesus Christus geboren wurde, sprühte es nur so von gedanklichen Strömungen, die zwar bis heute nicht völlig erhalten sind, die aber einen fruchtbaren Nährboden waren für etwas gänzlich Neues.

Der römische Kaiser Konstantin I. beschloss zur Befriedung der damaligen Religionen untereinander Religionsfreiheit, die ersten Christen wurden fortan nicht mehr verfolgt. Das Christentum konnte sich mehr und mehr entwickeln und institutionalisierte sich sogar zur Staatsreligion.[15] *Es konnte sich über die Jahrhunderte hinweg einerseits mit Macht und Pracht entfalten, andererseits aber auch Missbrauch jeglicher Art ausüben, was immer wieder zu oppositionellen Strömungen führte.*

Vor 2000 Jahren fand also ein epochaler Sprung statt in dem Sinne, dass gedankliche Neuerungen in euer Abendland Eingang finden konnten. Eine der wesentlichen Ideen war die der Gleichwertigkeit aller Menschen vor Gott und ein daraus folgender Aufruf zum mitmenschlichen Umgang untereinander.

Die nächste epochale Wende setzen wir um 1500 nach Christus an, in einer Zeit, in der die protestantische Reformation stattfand. Das wissenschaftliche Denken nahm nach und nach großen Aufschwung. Es begann auch die ›Globalisierung‹ im Zuge der Kolonialisierung. Wohlgemerkt: Wir sprechen von einer Zeitenwende um 1500 nach Christus, die wir sowohl für eure westlichen Zivilisationen als auch für die gesamte Welt ansetzen würden, da sie mit dem Kolonialismus von globalem Ausmaß war.

In den 1500 Jahren nach Christi Geburt hatten die Menschen genügend Zeit gehabt, sich im Schaffen vieler neuer kleinerer und größerer Reiche und verschiedener Regierungssysteme zu erproben. Innerhalb der kirchlichen Institutionen kam es durch die Entwicklung der Klöster zu einer besonderen geistigen, aber auch wirtschaftlichen Prosperität, die auch die Medizin vorantrieb. Martin Luther hatte die Seelenaufgabe, aus überkommenen Denkstrukturen auszubrechen, und es hatte eine bestimmte Zeitqualität gebraucht, damit diese Seelenaufgabe und die Ideen Luthers auf fruchtbaren Boden fallen konnten. Was hat dies nun mit einer ›Qualität der Zeit‹ zu tun?

Wir können aus seelischer Sicht sagen, dass damals das seelische Bewusstsein – die Seelenenergie – vieler Seelenfamilien so weit angewachsen war, dass es zu dieser epochalen Zeitenwende kommen konnte. Dazu zählen wir Seelenfamilien, die sich rund um das Mittelmeer inkarniert hatten und im Herzen Europas.

Seelen brauchen auch eine gewisse Form von Mut. So dauert es häufig mehrere, wenn nicht sogar sehr viele Inkarnationen, bis sie sich zu ganz neuen Erfahrungen aufmachen. Dies war damals der Fall. Es ging beispielsweise darum, Gedanken offen zu äußern, die sich gegen die dogmatische Meinung der weltlich-kirchlichen Herrscher richteten, oder darum, neue Kontinente zu entdecken. Diese Schritte von herausragender Bedeutung bereiteten den Nährboden für alle weiteren Entwicklungen, die ab dem 15. Jahrhundert gesellschaftlich, religiös und philosophisch vonstattengingen.

Ab diesem Jahrhundert erfuhr die Zeitqualität eine gewisse Form von Beschleunigung insofern, dass nun die epochalen und gesellschaftsverändernden Ereignisse in immer kürzeren Abständen aufeinander folgten. Dazu zählt der Dreißigjährige Krieg, dazu zählt aber auch die Französische Revolution und das Gedankengut, das im 18. Jahrhundert entstehen und in die gesellschaftlichen Schichten eindringen konnte.«

Eva Maria: »Es sind aber doch nicht nur Fortschritte erzielt worden! Wenn wir weitergehen in den Jahrhunderten, dann haben wir beispielsweise im 19. Jahrhundert die Verarmung aufgrund der Industrialisierung. Das 20. Jahrhundert ist geprägt durch zwei verheerende Weltkriege und durch die Vernichtung dessen, was eigentlich in den Jahrhunderten zuvor – wenn man so will – kontinuierlich, bis auf die Zäsur im Dreißigjährigen Krieg, aufgebaut worden war.«

Die Quelle: »Diese beiden verheerenden Kriege in der westlich-abendländisch-europäischen Welt legten eine Art Grundstein für einen Neubeginn, als den wir die Jahrtausendwende in das Jahr 2000 bezeichnen möchten:

Diese großen Kriege, die euch erschüttert haben, angefangen vom Dreißigjährigen Krieg bis hin zum Ersten und zum Zweiten Weltkrieg, haben eine seelische Verbindung. Zum einen sind viele Traumata entstanden, die die Seelen wiederum in späteren Inkarnationen aufarbeiten wollen. Zum anderen ist in diesen verheerenden Kriegen auch mehr und mehr die seelische Erkenntnis gewachsen, dass Kriege nicht das al-

leinseligmachende Lösungsmittel für gesellschaftliche Konflikte sein können. Viele Seelen haben den Wunsch, kriegerische Auseinandersetzungen zu verhindern, zu beenden oder in eine andere Form der Auseinandersetzung zu überführen.

Mit der letzten Jahrtausendwende ist durch die Digitalisierung eine Möglichkeit entstanden, Konflikte auf andere Art als dem blutigen Kampf im Feld, wie es die Jahrtausende zuvor der Fall war, auszutragen. Und so markiert das Jahr 2000 eine Zeitenwende, die geprägt ist von einem Angefülltsein des Wissensspeichers der gesamten Menschheit.«

Eva Maria: »Bitte erklärt dies noch näher.«

Die Quelle: »In der Digitalisierung liegt aus unserer Sicht eine große Chance, Konflikte aus ihrer blutigen Form herauszuführen und in eine neue Form der Auseinandersetzung auf eine andere Ebene zu bringen.

In dieser digitalen Welt werden nahezu alle Aspekte des eigentlichen und bisherigen Lebens noch einmal abgebildet oder sie werden dorthin verlagert. Wenn ihr früher Bekannte und Freunde eingeladen oder getroffen habt, so könnt ihr dies heute auf digitalem Weg tun. Wenn ihr früher einen Zaun um euer Haus gezogen habt, so müsst ihr heute einen Schutz für eure Daten installieren. Wie fast immer in der Menschheitsgeschichte, sind Erfindungen von Bipolarität geprägt, von Segen und Fluch zugleich, und so ist es auch mit allem, was mit der Digitalisierung zusammenhängt. Im Grunde funktioniert die digitale Welt wie die analoge, indem Angriff und Verteidigung im stetigen Wechsel stehen.

Die ersten Stellvertreterkriege werden schon geführt in Form von kriegerischen Spielen, die am Computer stattfinden. Die ersten Angriffe bekommt ihr durch die sogenannten Hacker bereits zu spüren. Auch viele Formen der Kriminalität haben sich in diesen Bereich verlagert: Erpressung, sexualisierte Gewalt und Handel mit verbotenen Gütern. Es ist also damit tatsächlich eine neue Ebene der Auseinandersetzung eingetreten. In diesem Entwicklungsschub liegt eine große Chance, welche die Menschheit für sich nutzen kann, wenn sie dieses neue Instrument an der richtigen Stelle einsetzt. Es gäbe noch viel dazu zu sagen.«[16]

Eva Maria: »Welche Art von Neubeginn kennzeichnet die Jahrtausendwende noch?«

Die Quelle: »Es ist eine Zeit, in der so viele Menschen wie nie zuvor auf der Erde leben. Was ihr aus eurer Sicht als Bedrohung empfinden mögt – so viele Menschen, die teilweise nicht ernährt werden können oder widrigen Lebensumständen ausgesetzt sind –, bewerten wir aus seelischer Sicht anders. Je mehr Seelen inkarniert sind, desto schneller wächst der seelische und geistige Wissensspeicher. Damit wächst eine Bewusstseinsenergie, die sich mehr und mehr verdichtet und im Zusammenklang mit kosmischen Bewusstseinsenergien einen enormen Schub sowohl in der Zeitqualität als auch in der linearen Zeit ermöglicht.

Wir möchten abschließend den Begriff der Zeitqualität folgendermaßen definieren: Immer dann, wenn es in den seelischen Welten zu einem enormen Anstieg von Energie kommt, die durch viele Inkarnationen gespeist wurde, ist eine epo-

chale Wende in der Geschichte der Menschheit möglich. Seit dem Jahr 2000 kommt aus seelischer Sicht noch hinzu, dass sich Seelenfamilien aus verschiedenen und aus sehr weit entfernten Bereichen verständigen, sofern ihre Seelen dies wünschen. So kommt es wiederum zu einem enormen Anstieg an seelisch-geistigem Wissen.

Die seelische Zeitqualität spielt also auch eine Rolle, wenn wir euch sagen, dass wir nun gekommen sind, um das Bewusstsein der Menschen anzuheben. Letztendlich sind es nicht wir, die das Bewusstsein der Menschen anheben, sondern die seelischen Qualitäten all jener Menschen, in die sich im Laufe der Jahrtausende Seelen inkarniert und so zu einem enormen Gedanken- und Wissensspeicher geführt haben.

Durch die Anhebung des gesamtkosmischen Bewusstseins wird sich auch Materie verändern und verdichten. Wir haben ab dem Jahr 2000 einen energetischen Fortschritt und eine lineare Beschleunigung.«

Eva Maria: »Vielen Dank!«

Nikola Tesla
Exzentriker, Forscher und Visionär

Materie wird sich verdichten, und die Zeit wird sich beschleunigen. Ein kurzer Satz von epochalem Ausmaß, eine Aussage, die weitere Fragen aufwirft.

Was hatte die Quelle über einen Wissenschaftler zu sagen, der in gewisser Weise seiner Zeit voraus gewesen war und der zukünftige wissenschaftliche Entwicklungen vorausgeahnt hatte: Nikola Tesla, Konstrukteur, Polyglott und Visionär? Er ist kein Astronom gewesen, aber fasziniert von Licht und starken Energien. Er wurde zu einem großen Erfinder innerhalb der Elektro- sowie Übertragungstechnik und reichte Hunderte von Patenten ein.

Nikola Tesla wurde 1856 als viertes von fünf Kindern in Smiljan, heute Kroatien, geboren. Aus seiner Autobiografie geht hervor, dass Tesla in seiner Jugend häufig erkrankt war. So litt er unter anderem an der Wahrnehmung von grellen Lichtblitzen, die einhergingen mit einer Fülle von Ideen, die er einzudämmen und zu bewältigen versuchte. Schon als Gymnasiast zeigte sich Teslas Begeisterung für Elektrizität. 1875 schrieb er sich mit einem Stipendium an der Kaiserlich-Königlichen Technischen Hochschule in Graz zum Studium Generale ein, ein Jahr später erhielt er die Berechtigung für den Studiengang Maschinenbau. Während der ersten Jahre war er ein Musterstudent, galt sogar als ›Star‹.

Doch es zeigte sich auch eine andere Seite seines Genies: Er wurde spielsüchtig, war unvorbereitet bei den Prüfungen, verließ die Hochschule ohne Abschluss und brach den Kontakt zu seiner Familie ab. Später zog er nach Budapest und erhielt dort eine Stelle als Chefelektriker bei der Telefonzentrale. 1882 ging er nach Paris zur Continental Edison Company. Im Juni 1884 emigrierte Tesla nach New York. In der Folge zog er immer wieder Gönner und Investoren an, die sein Talent für sich zu nutzen suchten.

Der Wechselstrom und der Induktionsmotor gehören zu seinen bekanntesten Entdeckungen und Erfindungen. Mehr als alles andere faszinierte ihn die Idee einer drahtlosen Energieübertragung, die er jedoch nicht praktisch umsetzen konnte.[17] 1900 erhielt er als Erster ein Patent im Bereich der Funktechnik. Nach 1900 wurden seine Ansichten und Experimente jedoch immer weniger nachvollziehbar für andere Forscher, und er isolierte sich allmählich von den damaligen etablierten Wissenschaften.

Das Erfinderleben von Nikola Tesla war ein einziges Auf und Ab. Mal konnte er sich den Luxus eines First-Class-Hotels am Broadway erlauben und bewegte sich in wohlhabenden Kreisen, dann gab es wieder harte Zeiten, in denen er Schulden hatte und verzweifelt nach Geldgebern für seine Projekte suchte. Bekannt wurde er durch exzentrische Licht- und Leucht-Shows, die sein Publikum zu Staunen brachten.

Will man sich ein Bild von Teslas Persönlichkeit machen, so erscheint diese in höchstem Maße eigenwillig. Er beherrschte acht Sprachen fließend, war arbeitssüchtig und schlief wenig. Tesla blieb Single und war für seine Marotten bekannt. So soll er beispielsweise beim Gehen seine Schritte gezählt oder bei Tisch den Rauminhalt von Suppen- und Kaffeetassen berechnet haben. Insgesamt war er ein eher introvertierter Mensch, der sich nichtsdestotrotz als elegante Erscheinung sehr gut präsentierte und durchaus geschickt auf dem gesellschaftlichen Parkett bewegte. Geblieben ist ihm am Ende nicht viel, und er starb 1934 vereinsamt in einem Hotelzimmer in New York.[18]

Eva Maria: »Uns interessieren Teslas seelische Hintergründe und ob heute noch ›wissenschaftliche Schätze‹ gehoben werden könnten, wenn sein Werk noch mehr Beachtung finden würde?«

Die Quelle: »In Nikola Tesla hatte sich eine außergewöhnliche Seele inkarniert, der es – ähnlich wie bei Leibniz – möglich war, aus verschiedenen Bereichen des seelischen Bewusstseins und aus der geistigen Welt Impulse aufzunehmen, sie zu versprachlichen und in wissenschaftliche Erkenntnisse umzusetzen.

Gehen wir zunächst auf Teslas Herkunft ein. Die beschützenden Verhältnisse in seiner Ursprungsfamilie ermöglichten es ihm, ein großer Konstrukteur, Physiker und Erfinder zu werden. Eingebettet in seine Familie und Großfamilie, fing das stabile Umfeld seine Labilität auf, denn schon in seiner Jugend war er sehr starken emotionalen Schwankungen unterworfen.

Genetisch betrachtet hatte Nikola Tesla von seinen Eltern einen scharfen Verstand und ein fotografisches Gedächtnis geerbt. Letzteres verhalf ihm später dazu, allein im Kopf zu konstruieren, was andere noch notieren und aufzeichnen mussten. Auf der anderen Seite wurde ihm seine erbliche Disposition aber auch zum Verhängnis: Da war zum einen eine gewisse Neigung zur Pedanterie. Dazu kam eine Veranlagung, immer wieder ›auszuticken‹ – wie ihr sagen würdet. Diese Veranlagung führte später dazu, dass er sich von einer regulären wissenschaftlichen Karriere verabschiedete.

Wäre Nikola Tesla heute geboren, wäre es ihm unmöglich, seine Genialität zu zeigen und voranzubringen. Denn in eurem heutigen Wissenschaftsbetrieb geht es mehr denn je um Anpassung an wirtschaftliche Gegebenheiten. Es gibt nur selten Forschungsstellen, Arbeitsmöglichkeiten und Wissenschaftsfelder für kreative und vielleicht auch zu ›verrückte‹ Köpfe wie er einer war.

So widrig euch dieses Auf und Ab in seinem Leben auch erscheinen mag, es führte dazu, dass Nikola Tesla immer wieder neue Anläufe nehmen konnte und nicht in einer lang angelegten wissenschaftlichen Laufbahn verharren musste. Denn sie hätte seinem Naturell nicht entsprochen und seinen sehr lebendigen und von blitzartigen Einfällen geprägten Geist gelähmt. Auch er war davon überzeugt, dass es bei einem Erfinder einzig und allein darum geht, Dinge zu entdecken und zu erfinden, die den menschlichen Fortschritt vorantreiben und den Menschen dienen. Dies überwog seinen leicht narzisstischen Zug, der immer dann hervortrat, wenn er seine Ideen zum Wechselstrom vor einem großen Publikum zelebrieren konnte.

Nikola Tesla ist also aus unserer Sicht noch einmal ein hervorragendes Beispiel dafür, wie wichtig gesellschaftspolitische Umstände sind, damit ein großartiger Geist in einem vielleicht eher schwachen Körper mit einer instabilen Psyche dennoch wachsen und wissenschaftliche Entdeckungen und Erfindungen zum Wohl der Menschheit hervorbringen kann.

Besonders in den USA, aber auch in einigen Ländern Europas, herrschte zur Lebzeit Teslas eine Aufbruchsstimmung in den Wissenschaften. Es kam zu Erfindungen, die das ›maschinell-elektrische Zeitalter‹ einläuteten. Nikola Tesla hatte daran Anteil und meldete viele Patente an. Wir würden euren Wissenschaftlerinnen und Wissenschaftlern raten, alle Patente von Nikola Tesla auf ihre Machbarkeit genau zu überprüfen. Wir vermuten, dass vieles von dem, was zu seiner Zeit für nicht umsetzbar gehalten wurde, sich heute verwirklichen ließe.

Kommen wir nun zu der Seele, die in Nikola Tesla ruhte, zu einer Seele, die wir als ›alt‹ bezeichnen würden. Die Tatsache, dass Tesla zeitlebens von dem Phänomen Energie nahezu besessen war und in diesem Bereich forschte, ist aus unserer Sicht dadurch zu erklären, dass sich seine Seele in den vorangegangenen Inkarnationen bereits damit beschäftigt hatte. Sie war beispielsweise in nahezu allen früheren Inkarnationen von offenen Feuern fasziniert gewesen. Als Nikola Tesla entfachte sie nun in spektakulären öffentlichen Auftritten Feuer aus Licht um sich herum – eine Art der begeisterten Darbietung, die auch das Publikum in Begeisterung versetzte. Dies war die Quintessenz dessen, was in vielen vergangenen Inkarnationen grundgelegt worden war.

In der Seelenfamilie von Nikola Tesla sind sehr viele Entdecker und Erfinder zuhause. So verfügt sie über einen sehr großen Wissensschatz, den sie immer wieder an Einzelseelen weitergeben kann. Dies erklärt auch die sogenannten Lichtblitze, die Tesla gesehen haben will. Es waren gedankliche Impulse der Seelenfamilie, die er sogar im Außen sah. Es ist eine strukturelle Anlage in dieser mit Konstruktionen befass-

ten Seelenfamilie, die dazu führte, dass Tesla alles, was in ihm an Ideen heranwuchs, zunächst visuell wahrnahm, und zwar sowohl vor seinen inneren als auch vor seinen äußeren Augen.«

Eva Maria: »Wir würden Nikola Tesla gerne in dieses Buch aufnehmen, weil er jenseits von fossilen Energieträgern auf der Suche nach einer neuen, ›freien‹ Energie war. Haben wir euch an anderer Stelle richtig verstanden, dass es im subatomaren Raum Entwicklungen gibt, die Ausgangspunkt für eine neue Energiegewinnung werden können?«

Die Quelle: »Dies möchten wir uneingeschränkt bejahen! Es besteht eine Wechselwirkung zwischen der Energie der seelisch-geistigen Welten einerseits und kosmischen Energien andererseits. Die Anhebung des hier angesprochenen Energieniveaus findet innerhalb von Molekülen und Atomen statt – wir sprechen hier von Materie wie beispielsweise Wasser, Wasserstoff oder die weiteren schwereren Elemente des derzeit bestehenden Periodensystems. Einige Wissenschaftler und Wissenschaftlerinnen sind gerade dabei, dieses Phänomen zu entdecken, wobei ihnen nicht klar ist, woher diese Verdichtung im atomaren Bereich rührt und weshalb es gerade heute zu deren Entdeckung kommt.«

Quelle 2: »Diese Art der Verdichtung entsteht immer dann, wenn auf einem beseelten Planeten das seelische Bewusstsein signifikant angestiegen ist. Diese Energie entsteht immer dann, wenn es beseelten Wesenheiten auf einem Planeten möglich ist, zu kosmischen Energien Kontakt aufzunehmen.

Verdichtete Energie im subatomaren Raum führt zu neuen Phänomenen, die mittels gängiger physikalischer Theorien nicht sofort verstanden und erklärt werden können. Die Kenntnisse darüber können zu neuer Energiegewinnung führen.

Fossile Brennstoffe werden nicht mehr den Energiebedarf der Menschheit decken müssen. Diese neue Art der Energie ist eine Raum-Zeit-Energie, die euch befähigen wird, eure zeitliche Dimension anders zu begreifen. Sie wird euch neue Aspekte des Universums erschließen, die euch als Menschheit voranbringen werden in Richtung der gesamtseelischen Entwicklung hin zum All-Ganzen.

Wir sehen dies aus einer übergeordneten Warte und sind zuversichtlich, dass es der Menschheit gelingen wird, diesen entscheidenden Schritt zu tun. Es ist ein Entwicklungsschritt, den Planeten immer wieder im Raum-Zeit-Kontinuum der Jahrmillionen und -milliarden getan haben.

Überall da, wo es Planeten mit einer wesenhaften Entwicklung gibt, können solche Fortschritte getätigt werden. Wir blicken mit Freude auf den Planeten Erde, der nun beginnt, erneut zu vibrieren und sich auf eine neue Stufe des Bewusstseins zu begeben. Wenngleich auch dies für euch als Menschen nicht zu sehen und zu spüren ist, beziehungsweise nur vereinzelt von höchst bewussten Menschen erkannt wird.

---

*Quelle 2 ist eine kosmische Quelle im Unterschied zur ersteren Quelle, die eine seelische Quelle auf der kausalen Ebene ist. Quelle 2 meldet sich immer dann, wenn es um Materieveränderungen auf der Erde aufgrund des gestiegenen Bewusstseins und wenn es um dezidiert wissenschaftliche Fragestellungen geht.

*Dies ist ein Blick aus unserer Sicht, die wir außerhalb der seelischen Welten existieren und mit Kenntnis der Entwicklung anderer Planeten auf euren Planeten schauen.«**

Eva Maria: »Für uns ist die Gleichsetzung oder Verbindung von Bewusstseinsenergie und neuartigen Energiezuständen in Atomen, die in Nutzenergie überführt werden können, kaum vorstellbar.«

Die Quelle: »Durch den Anstieg der gesamten Bewusstseinsenergie wird auch Energie im atomaren Bereich angehoben. Die ansteigende Energie im subatomaren Raum ist ein Teilaspekt der von uns geschilderten Bewusstseinsenergie. Wir danken für diese Fragen, die aus unserer Sicht heutzutage unbedingt gestellt werden müssen. Wir bitten euch, unsere Aussagen an euch bekannte Wissenschaftlerinnen und Wissenschaftler weiterzuleiten, sodass sie diese in ihren Kreisen weitergeben können. Wir sind bereit, weitere Auskünfte zu dieser Energie zu geben und auf dezidiertere Fragen einzugehen.«

Eva Maria: »Vielen Dank an beide Quellen!«

Die Quelle: »Wir möchten euch bitten, nun in der Wissenschaftsgeschichte weiterzugehen. Sucht weiter nach Personen, die Ende des 19. Jahrhunderts geboren wurden, deren Leben bis zum Zweiten Weltkrieg reichte oder darüber hinaus. Bitte sucht nach Persönlichkeiten aus den Bereichen Atomforschung und Physik.«

Kapitel 8

Das Atom

Wundersamer Übergang von
Schwingung zu Energie zu Materie

Die Weltausstellung 1889 in Paris wurde als 100-jähriges Jubiläum für die Französische Revolution ausgerichtet; der Eiffelturm, als deren monumentales Eingangsportal und Aussichtsturm, ging als Ikone der Architektur in die Geschichte ein. Er war bis 1930 das höchste Bauwerk der Welt.

Während manche Bauwerke seit jener Jahrhundertwende immer höher konstruiert werden, beschäftigten sich Forschende zur selben Zeit mit immer kleineren Bausteinen der Natur, dies vor allem mithilfe der Mathematik. Am 8. August 1900 hielt der Mathematiker David Hilbert eine programmatische Rede auf dem internationalen Mathematikerkongress in Paris, der dort parallel zur Weltausstellung 1900 stattfand. Seine einleitenden Worte lauteten:

»Wer von uns würde nicht gerne den Schleier lüften, unter dem die Zukunft verborgen liegt, um einen Blick zu werfen auf die bevorstehenden Fortschritte unserer Wissenschaft und in die Geheimnisse ihrer Entwicklung während der künftigen Jahrhunderte! Welche besonderen Ziele werden es sein, denen die führenden mathematischen Geister der kommenden Geschlechter nachstreben? Welche neuen Methoden und neuen Tatsachen werden die neuen Jahrhunderte entdecken – auf dem weiten und reichen Felde mathematischen Denkens?«[1]

45 Jahre später, am 6. und 9. August 1945, wurden auf Befehl von US-Präsident Harry S. Truman über Hiroshima und Nagasaki zwei Atombomben gezündet und brachten unendlich viel Leid über die japanische Bevölkerung. Spätestens seit 1945 ist im Gedächtnis der Weltbevölkerung eingebrannt, dass sich nicht nur rätselhafte, sondern auch gigantische Kräfte innerhalb von winzigen Atomkernen verbergen und welche Katastrophen sie auslösen können.

Der Glaube an den mathematisch-wissenschaftlichen Fortschritt wurde spätestens seit dem Missbrauch der Kernenergie zu Kriegszwecken tiefgehend und nachhaltig erschüttert, und zwar weltweit. Auch die nach wissenschaftlichem Ermessen unbedenkliche Gewinnung von Strom aus Kernenergie schlug in ihr Gegenteil um, als es zu den beiden Super-GAUs in Tschernobyl im Jahr 1986 und in Fukushima Daiichi im Jahr 2011 mit großflächigen Verstrahlungen kam. Nach wie vor gibt es keine zufriedenstellende Entsorgung atomarer Abfälle und nur die Hoffnung darauf, die Wissenschaften mögen in Zukunft Lösungen dafür finden.[2]

Dennoch ist heute bekannt, dass die Atomforschung auch Besseres zutage fördern kann als tödliche Kräfte; ihre Weiterentwicklung innerhalb der Quantenphysik führte unter anderem zu Lasertechnologien und zu Quantencomputern. Die weitere Erforschung des subatomaren Raums wird nach Aussage der Quelle sogar der Königsweg für das wissenschaftliche Verständnis vom Makrokosmos sein.

Im Atom überraschen neue Phänomene. Schön inszenierte Bilder bspw. auf Youtube dazu sind rauschende Meereswellen auf dem Weg durch einen Doppelspalt. Sie können jedoch nicht darüber hinwegtäuschen, dass Interferenz-Phänomene an eben einem solchen Youngschen Doppelspalt, wie sie in Experimenten mit Elementarteilchen beobachtet werden, nur schwer verständlich sind. Teilchen im ursprünglichen Wortsinn lassen solche Phänomene nicht erwarten. Unter anderem dieses rätselhafte Doppelspaltexperiment forderte Mathematiker und Physiker zur Entwicklung der Quantenmechanik heraus, eine Theorie, in der Wellen- und Wahrscheinlichkeitsberechnungen jeglicher Vorstellungskraft weit überlegen sind und Unbestimmbarkeit dazu gehört.[3]

Das All mag vielleicht wie ein Uhrwerk einen intelligenten Schöpfer haben, aber in diesem Uhrwerk greift erstaunlicherweise nicht ein Zahnrad in das nächste. Bei genauer Betrachtung verschwimmen in jedem Atom die Konturen der Materie. Albert Einstein rebellierte gegen die so unanschauliche Entwicklung der Atomforschung, weil er die darin getroffenen Aussagen für nicht völlig schlüssig und bestenfalls für unvollständig hielt.

Niels Bohr und Werner Heisenberg

Die Quantenmechanik beschreibt Unerklärliches

Werner Karl Heisenberg (1901-1976) gilt als einer der führenden theoretischen Physiker des 20. Jahrhunderts. Bereits 1925 veröffentlichte er seine Ideen zu einer mathematischen Formulierung der Quantenmechanik. Um 1927 schuf er, gemeinsam mit dem Physiker Niels Bohr (1885-1962)[4], der damals als sein väterlicher Freund galt, die sogenannte Kopenhagener Deutung, in die seine Unschärferelation einfloss. 1932 erhielt er den Nobelpreis für Physik.

Werner Heisenberg war ein Multitalent. Er war sportlich, musikalisch und interessierte sich für Kunst. Es gibt sogar noch eine Aufzeichnung von einem Konzert, an dem er als Pianist mitwirkte. Heisenberg hatte eine große Familie und versammelte viele Kollegen, Mitarbeiter und Doktoranden um sich.

Sehr umstritten war später, dass Heisenberg während des Zweiten Weltkrieges führend an einem Uran-Projekt des Heereswaffenamtes beteiligt war.[5] Das Verhältnis zwischen ihm und Niels Bohr galt nun als belastet, weil Niels Bohr – Sohn einer jüdischen Mutter – gegen Nazideutschland im Widerstand war und Atombombenpläne der Deutschen fürchtete. Er unterstütze nach seiner Flucht die Kernforschung der Amerikaner.

Eva Maria: »Wir baten einen uns bekannten Wissenschaftler um eine Einschätzung. Er meinte: ›Ich persönlich sehe Max Planck mit seiner Planckschen Konstante als den Vater der Quantentheorie, zusammen u. a. mit Albert Einstein. Unter den Gründern der modernen Quantenmechanik sehe ich u. a. Werner Heisenberg und Wolfgang Pauli.‹«

Die Quelle: »Dies ist ein guter Einstieg. Beginnen wir mit Werner Heisenberg, der als einer der größten Physiker des 20. Jahrhunderts gilt. In Heisenberg ruhte eine Seele, die – ähnlich wie bei Leibniz – eine große Fähigkeit besaß, Kontakt zu anderen Seelen aufzunehmen. In vergangenen Inkarnationen hatte sie sich mit Fragen zur Schöpfung und mit der Vereinbarkeit von göttlicher Schöpfung und Physik beschäftigt.

Werner Heisenberg war, bei all seiner großartigen Talentiertheit, kein Kind von Traurigkeit. Er war ein Mensch, der mit allen Sinnen und großer Begeisterung in seiner Zeit und der ihn umgebenden Kultur lebte. Er wusste die Schönheit der Welt, sei es in der Natur, sei es in der Musik, sei es in der Malerei zu schätzen. Er war der Überzeugung, dass hinter allem, was er in dieser Welt erleben durfte und was einer bestimmten physikalischen Gesetzmäßigkeit folgte – die es jedoch noch zu ergründen galt –, dass hinter dieser Welt ein Urgrund stecken musste. Auch war er der Überzeugung, dass Physiker gut daran täten, diese Frage letztendlich aufzulösen und so das wiederherzustellen, was Jahrtausende lang viele Wissenschaftler beseelt hatte, nämlich die Integration der Forschung in eine Art von Schöpfungszusammenhang.

Wenn ihr heute über Werner Heisenberg sprecht, so gilt er als Begründer der Quantenmechanik. Er hatte hier mit Sicherheit auch seinen Schwerpunkt. Für ihn galt, wie bereits erwähnt: Er empfing unbewusst Inspirationen von den ihn umgebenden Menschen. Ihm kam sehr zugute, dass er sehr viele weitere Physiker ausbildete und Kollegen um sich versammelte. Dazu gehörte auch Carl Friedrich von Weizsäcker, auf den wir später noch eingehen wollen.

Die Seele von Niels Bohr befruchtete sich dagegen mehr aus ihren vergangenen Inkarnationen. Sie verfolgte in dieser Inkarnation noch einmal den großen Wunsch, der Menschheit auf dem Gebiet der Naturwissenschaft – und hier in der Physik – neue Erkenntnisse zu verschaffen. Bei Bohr kamen seelischer Wunsch, menschliche Intelligenz sowie ein unterstützendes familiäres Umfeld in förderlicher Weise zusammen. Bohr war also ebenfalls ein herausragendes Physik-Talent, dessen Begabung jedoch – wir möchten einmal sagen – etwas ›einseitiger‹ war.

In Heisenberg hatte sich eine ältere reife Seele und in Bohr eine jüngere alte Seele inkarniert.«

Eva Maria: »Was sagt ihr zu Wolfgang Ernst Pauli, der über das Wasserstoffmolekül-Ion mit ›summa cum laude‹ promoviert wurde?«

Die Quelle: »Auch Wolfgang Pauli war ein Ausnahmetalent. Dass er über das Wasserstoffmolekül-Ion seine Doktorarbeit geschrieben hat, ist für uns von großer Bedeutung. Wie ihr wisst, ist aus unserer Sicht die Wasserstoff-Forschung das Wichtigste und Elementarste, was eure Wissenschaftlerinnen und Wissenschaftler in der heutigen Zeit leisten können.

Auch hier ist es von größter Bedeutung, dass Wissenschaft auf dem Weg von Streit und Widerstreit geschieht und alle Theorien für möglich gehalten werden. Nur so, in dieser Art von Reibung, kann letztendlich das geschehen, was wir einmal als ›den-Stein-der-Weisen-finden‹ formulieren möchten und was zum grundlegenden Verständnis des Kosmos führen wird.«

Wolfgang Pauli

Eine alte Seele erforscht das Wasserstoffatom

Wolfgang Pauli wurde 1900 in Wien geboren und starb bereits mit 58 Jahren im Zimmer Nr. 137 des Zürcher Spitals, wo er seinen Tod bereits bei der Einlieferung aufgrund dieser Zimmernummer geahnt hatte. Sie ist gleichlautend mit dem Nenner der sogenannten Feinstrukturkonstante[6]. Es wundert sogar gestandene Mathematiker, dass und warum es einige ganz bestimmte Zahlenwerte gibt, die in Rechenoperationen immer wieder auftauchen. Bei dem ein oder anderen mag dies zu Aberglauben führen oder – wie hier bei Pauli – zu einer sich bestätigenden Ahnung über das eigene Schicksal.

Pauli galt schon in seiner Schulzeit als mathematisches Wunderkind. Noch erstaunlich jung, mit 21 Jahren, wurde er promoviert. Als Assistent an der Universität in Göttingen machte er sich keinen guten Ruf, weil er inzwischen das Nachtleben und den Alkohol für sich entdeckt hatte und nicht immer pünktlich zu den Vorlesungen erschien. Heisenberg, sein Nachfolger dort, soll zuverlässiger gewesen sein. Da Pauli wissenschaftlich zum Perfektionismus neigte, veröffentlichte er vergleichsweise wenig.

Aufgrund psychischer Probleme suchte Pauli Carl Gustav Jung auf und unterzog sich einer tiefenpsychologischen Therapie bei Erna Rosenbaum. Er muss hinsichtlich seelischer Erkenntnis sehr offen gewesen sein und schenkte auch seinen Träumen große Beachtung.[7]

Aus Paulis Briefwechsel mit C. G. Jung zu seinen Träumen hielt der bekannte Wissenschaftshistoriker und -publizist Ernst Peter Fischer folgendes Zitat fest: »›Von fundamentaler Wichtigkeit ist die Trennung eines spezifischen energetischen Zustands oder eines Objekts, das an seinen spezifischen Reaktionen erkennbar ist, in zwei Zustände bzw. zwei Objekte mit ähnlichen, aber etwas verschiedenen Reaktionen.‹ [...] Dieser nüchternen Erklärung fügt Pauli noch eher lockere Assoziationen hinzu, da seine Träume offenbar etwas mit ›einer Erhöhung oder Vermehrung des Bewusstseins‹ zu tun haben.«[8] Es scheint, dass Pauli bereits in seinen Träumen vorwegnahm, wovon in diesem Buch gesprochen wird: vom Anstieg des Bewusstseins und einer Konsequenz daraus, nämlich, dass neuartige Atome entstehen werden, die ihrer Ausgangsform sehr ähneln.

Eva Maria: »Ich möchte mit euch noch vertiefend über Wolfgang Pauli sprechen. Was könnt ihr uns zu ihm sagen, und woher stammten wohl seine psychischen Probleme, mit denen er zu kämpfen hatte?«

Die Quelle: »In Wolfgang Pauli ruhte eine sehr alte Seele. Sie hatte sich in einem ›Junge-Seele-Körper‹ inkarniert, und zwar insofern, da Pauli körperlich sehr viel aushielt. In dieser Kombination war es ihm möglich, die Erkenntnisse einer weisen alten Seele in eine wissenschaftliche Welt zu tragen, die damals in seinem Fachgebiet noch hauptsächlich von jungen und reifen Seelen besiedelt war. Er war das, was ihr heute in der Sprache der Psychologie als sozialkompetent bezeichnen würdet.

Dass Pauli Wasserstoff erforschte – der heute mehr denn je wichtig ist für die wissenschaftliche Erkenntnis und für das Fortbestehen der Menschheit –, hatte damit zu tun, dass er verstand, aus den Tiefen seiner alten Seele Inspiration zu schöpfen. Wir möchten sogar wagen zu sagen, dass der Physiker Pauli verstanden hat, dass seine Erkenntnis aus einem seelischen Bereich kommt, der den meisten Menschen und vor allen Dingen Wissenschaftlern zur damaligen Zeit noch nicht bewusst zugänglich war. Deshalb war er auch so fasziniert vom dem, womit sich der Tiefenpsychologe Carl Gustav Jung beschäftigte.

Wolfgang Pauli ist eine Lichtgestalt der Physik. Er konnte im morphischen Umfeld von Heisenberg genau das erwirken, was seine Bestimmung war. Diese Seele hatte sich gezielt inkarniert, um der Menschheit wissenschaftliche Weisheit zu schenken. Dies ist auch in etwa die Umschreibung dessen, was seine Seelenfamilie als Aufgabe hat. Ihr geht es darum, nicht nur die Wissenschaft voranzutreiben, sondern deren Erkenntnisse auch in einer weisen Form zu vertiefen. Wir möchten es einmal abschließend so formulieren: Wolfgang Pauli war ein Edelstein im Bereich der Verbindung von wissenschaftlicher und seelischer Erkenntnisfähigkeit.«

Eva Maria: »Ihr habt das Wort ›sozialkompetent‹ für ihn gebraucht. Es ist aber auch überliefert, dass er sehr zynisch sein konnte, was er sogar als ein zu beleuchtendes Anliegen in die Psychotherapie mitbrachte. Ein bekanntes Pauli-Zitat lautet zum Beispiel: ›Das ist nicht nur nicht richtig, es ist nicht einmal falsch!‹«

Die Quelle: »Mit ›sozialkompetent‹ in Bezug auf Pauli meinten wir, dass er es sehr wohl verstand, abzuwägen, was er wem sagen konnte und wie er sich im Wissenschaftsbetrieb diplomatisch förderlich bewegte. Es war ihm aber auch ein sehr großes Vergnügen, einen Finger in die Wunden derjenigen zu legen, die vielleicht ein wenig zu sehr überzeugt waren von dem, was sie zu wissen meinten und was sie von sich gaben. Pauli hatte die Gabe, seine Äußerungen genau zu taxieren und auf das jeweilige Gegenüber abzustimmen, wenngleich das auch anders überliefert ist. Aus unserer Sicht war genau diese Fähigkeit wichtig, und sie machte seine Größe mit aus.

Mit feiner Ironie konnte Pauli seine wissenschaftlichen Mitstreiter auf bestimmte Eigenschaften aufmerksam machen, die sie im Feuereifer des wissenschaftlichen Gefechts an den Tag legten, die jedoch aus Paulis Sicht nicht förderlich waren hinsichtlich einer Wissenschaft, die dem Gemeinwohl der Menschheit dienlich sein sollte. Denn dies war es aus seiner Sicht, was Wissenschaft letztendlich zu leisten hatte.

Was die Erforschung der Kernenergie angeht, so wusste Pauli um die Gefahren, die diese birgt. Pauli hatte als alte Seele auch eine gewisse Abneigung vor dem vorschnellen Anwenden von wissenschaftlichen Erkenntnissen. Genau dies hatte er in vorangegangenen Inkarnationen erlebt, nämlich, dass aus wissenschaftlichen Erkenntnissen vorschnell Schlüsse gezogen und dass sie übereilt in Erfindungen gegossen wurden, die nicht immer zum Nutzen der Menschheit waren.«

Eva Maria: »Es heißt aber leider, dass Paulis Kritik in einigen Fällen dazu führte, dass andere Physiker, die auf sein Urteil vertrauten, großartige Überlegungen nicht veröffentlichten. Ralph Kroning war ein Assistent von Pauli und hätte Wichtiges zum Teilchenspin zu veröffentlichen gehabt.«

Die Quelle: »In diesem Fall ging es weniger um ein Unterdrücken als um ein Abwägen dessen, was gesagt und veröffentlicht werden konnte. Es waren aus unserer Sicht keine persönlichen Motive im Spiel. Er dachte viel darüber nach, welche langfristigen Auswirkungen Neuentdeckungen der Physik auf die Menschheit haben könnten. Aus diesen Reflexionen heraus neigte er dazu, Forschungsergebnisse zurückzuhalten, wenn sie seiner Meinung nach noch nicht reif für die Öffentlichkeit waren.

Dass er dabei nicht immer unbedingt sehr sanft mit Kollegen umging, mag durchaus möglich sein, denn in seinem Charakter war ein Hang zur Ironie, die bisweilen auch sehr beißend sein konnte. Und doch wagen wir zu behaupten, dass dies alles nicht einer narzisstischen Persönlichkeit entsprang, sondern dem Wunsch, alles, was entdeckt wurde, auf die Eignung für die Menschheit zu überprüfen. Insofern bleiben wir bei dem Begriff ›sozialkompetent‹, wenngleich er für euch noch eine andere Färbung und Bedeutung aufweisen mag.«

Eva Maria: »Trotz seiner Genialität war Paulis Psyche offenbar stark belastet, weshalb er sich ja auch in Psychotherapie begeben hat. Hatte er als Träger einer alten Seele mit dem Phänomen der seelischen oder genetischen Interdependenz zu tun?«

Die Quelle: »Bei Wolfgang Pauli lagen Genialität und Wahnsinn nahe beieinander. Die Ursachen für die schwierigen Aspekte seiner Persönlichkeit auszumachen, ist nicht einfach, zumal sie nicht als monokausal, sondern als sehr vielschichtig anzunehmen sind.

Beginnen wir einmal mit seiner Kindheit und darin mit der Schwester Hertha, die später Schriftstellerin und Schauspielerin wurde. Als sie geboren wurde, gelang es Pauli nicht, weiter die volle Aufmerksamkeit seiner Eltern auf sich zu ziehen. Er musste einen Teil ihrer Liebe an die jüngere Schwester abgeben. Die Schwester war vom Naturell her sehr anders, und wir meinen fast einen gewissen Neid Paulis auf ihre Lebendigkeit und frauliche Existenz zu spüren. Pauli war schlichtweg eifersüchtig auf das neue Wesen. Was hier geschah, ist nicht außergewöhnlich unter Geschwistern, die Reaktion kann indessen sehr unterschiedlich sein. Da in Pauli eine alte Seele wohnte, hatte er schon als Kind ein reiches Innenleben, dem er sich widmen konnte. So war sein Rückzug nur naheliegend und schlüssig aus seiner Persönlichkeit heraus.

Pauli als Erwachsener hatte mit Ängsten zu tun. Paulis Seele war noch beschäftigt mit Ängsten, die sie im Laufe ihrer Inkarnationen erfahren hatte. Diese Ängste waren hauptsächlich existenzieller Art gewesen und richteten sich auf Fragen des täglichen Überlebens. In der Inkarnation als Physiker Wolfgang Pauli war seine Seele nun in manchen Fragen und Erfindungen der Physik mit den Konsequenzen für das Überleben der Menschheit konfrontiert. Dadurch wurden existenzielle Ängste aus vergangenen Leben noch einmal wachgerufen, und sie mögen mit ein Grund dafür gewesen sein, dass

Pauli manche Erfindung oder Entdeckung scharf kritisierte oder sogar vor der Öffentlichkeit zurückhielt.

Wir können ein Beispiel für eine starke Angst nennen, die sich über die Gene der Ahnen fortgesetzt hatte und in Wolfgang Pauli zum Ausdruck kam. Ein Mann oder eine Frau – das lässt sich im Nachhinein auch von uns nur schwer ermitteln – war in einer Art Gefängnis eingesperrt gewesen. Die Angst, sich nicht befreien und sich kein Gehör verschaffen zu können, ist in den Genen gespeichert und weitergetragen worden und kam als Klaustrophobie zum Ausdruck. Dieses Phänomen kam in Paulis Leben zum Tragen, indem er sich in engen Räumen manchmal sehr unwohl fühlte. Gleichwohl vermochte er natürlich nicht, die Ursachen des Phänomens genau auszumachen. Auch aus diesem Grund beschäftigte er sich mit damals bekannten Theorien wie Jungs Lehre der Archetypen.

Paulis Alkoholismus nun war eher eine Antwort auf die existenzielle Erfahrung des zerbrechlichen physischen Seins, der man als ältere Seele häufig ausgesetzt ist und die im Alkohol ertränkt wird. Weil er es so vermochte, in sein tiefstes Inneres hinabzusteigen, vermisste er oft eine gewisse Leichtigkeit in seinem Leben, was er mit Spott und Ironie zu übertünchen suchte. Er zerbrach, so vermuten wir, auch ein wenig an der Liebe, an der Liebe zu sich selbst und zum Leben.

Und dennoch oder gerade deshalb hatte er die soziale Fähigkeit, andere Menschen und Errungenschaften aus einer sozusagen höheren Warte zu beurteilen, wie es eben nur alte Seelen vermögen, wenngleich sie in ihrem existenziellen Sein nicht immer glücklich sein mögen. All das – was wir abschließend betonen möchten – schmälert in keiner Hinsicht die Ver-

dienste des Physikers Wolfgang Pauli. Wenn Kollegen oder Biografen Pauli im Rückblick von außen betrachten und beurteilen, so mögen sie doch nicht fähig sein, in sein Inneres hineinzuschauen. Ihr solltet davon Abschied nehmen, Menschen als rundum perfekt in allen Bereichen sehen zu wollen, wenn sie auf einem Gebiet Größe gezeigt haben. Die menschliche Existenz bedarf aller Facetten, um zu wachsen und zu reifen.«

Eva Maria: »Warum ist die Feinstrukturkonstante für manche Wissenschaftler von so großer Bedeutung und Rätselhaftigkeit?«

Die Quelle: »Die höhere Bedeutung der Feinstrukturkonstante wird in den nächsten Jahren und Jahrzehnten erkannt werden. Im Grunde genommen geht es immer nur darum, das, was heute Mysterium ist, morgen mit den Methoden, Techniken und Sprachen der Wissenschaft zu beschreiben.«

Quelle 2: »Die Berechnung der Feinstrukturkonstante konnte nur stattfinden aufgrund eines Bewusstseinsschubs ab etwa dem 15. Jahrhundert.

Materie ist nicht etwas, das statisch wäre. Auch die aus eurer Sicht sogenannte unbelebte Materie ändert sich und ist einem Entwicklungsprozess unterworfen. Wir möchten euch bitten, an dieser Stelle darüber nachzudenken und auch das Thema Bewusstsein noch einmal neu zu durchdenken. Die Frage des Bewusstseins der unbelebten und der belebten Materie wird sich in den nächsten Jahren und Jahrhunderten noch einmal verändert für euch stellen.«

Carl Friedrich von Weizsäcker

Ein Physiker verbindet Erkenntnisse von West und Ost

Aus der Familie von Weizsäcker sind nicht wenige Persönlichkeiten hervorgegangen, die das Zeitgeschehen und den Zeitgeist beeinflusst haben. Am bekanntesten dürfte Richard von Weizsäcker (1920–2015) sein, der von 1984 bis 1994 der sechste Bundespräsident der Bundesrepublik Deutschland und später des vereinten Deutschlands war. Sein Onkel, Viktor von Weizsäcker (1886–1957), gilt als Begründer der psychosomatischen Medizin. Der Physiker und Politiker Ernst Ulrich von Weizsäcker (geb. 1939) steht für sein Umweltengagement im Fokus der Öffentlichkeit. Eine obskure Rolle spielte Ernst Heinrich von Weizsäcker (1882–1951), der Vater u. a. von Carl Friedrich und Richard, während des Nationalsozialismus; er soll für die Deportation von französischen Juden in das Konzentrationslager Auschwitz verantwortlich gewesen sein und wurde dafür verurteilt.

Carl Friedrich von Weizsäcker (1912–2007) war ein Student von Heisenberg und arbeitete später mit ihm und Otto Hahn am deutschen Uranprojekt zur Erforschung der Kernspaltung. Es ist ungeklärt, ob er – gemeinsam mit Heisenberg – bei einem Treffen mit Niels Bohr in Kopenhagen sich für oder gegen den Bau einer deutschen Atombombe ausgesprochen hat. Bohr meinte, er sei dafür gewesen. Als Friedensforscher leitete er später die Forschungsstelle der Vereinigung Deutscher Wissenschaftler (VDW). Biografisch interessant ist auch das unter anderem von ihm mitformulierte Tübinger Memorandum gegen die atomare Aufrüstung und für mehr Demokratie.

Carl Friedrich von Weizsäcker machte spirituelle Erfahrungen in Indien, u. a. im Rahmen von Begegnungen mit dem Dalai Lama, Gopi Krishna und Sri Ramana Maharshi. Anschließend äußerte er erstaunlicherweise, dass nun alle Fragen beantwortet seien.

Die Quelle: »Carl Friedrich von Weizsäcker ist ein weiteres Beispiel für einen Wissenschaftler, der den Austausch mit anderen Disziplinen sucht. Zunächst möchten wir darauf eingehen, was er für die Quantenmechanik geleistet hat. Hier ist zunächst die Fortführung der Gedanken, die im Umfeld von Werner Heisenberg entstanden sind, zu würdigen.

Was die Kernenergie betrifft, so ist auch hier in einer sehr expliziten Form die Dualität der Erkenntnisse zu sehen. Denn ohne Kernkraftwerke hättet ihr heute wahrscheinlich nicht die Fülle von Energie zur Verfügung, wie sie gebraucht wird.

Auf der anderen Seite ist es für eure Staatenlenker eine große Anstrengung, andere Staatenlenker davon abzuhalten, die Atomkraft zu militärischen Zwecken einzusetzen. Seit der Entdeckung der Atomenergie und deren ›Verfeinerung‹ in technischer Hinsicht muss also sehr viel gesellschaftliche Energie aufgewendet werden, um diese zu bändigen oder in die richtigen Bahnen zu lenken. Auch ist es euch Menschen noch nicht gelungen, die Frage der Endlagerung des Atommülls zu lösen. Deshalb werden euch die wissenschaftlichen

Erkenntnisse zur Kernenergie noch sehr lange beschäftigen, und ihr werdet mit den Folgen noch viele Jahre zu leben haben.

In Carl Friedrich von Weizsäcker wohnte eine sehr gereifte Seele, die kurz vor der Stufe zur alten Seele stand. Ihr könnt hier ablesen, dass der Weg der wissenschaftlichen Erkenntnis nicht unbedingt befriedigend für eine Seele sein muss, wenn sie bereits sehr gereift ist. Deshalb versuchte Weizsäcker, aus seinen wissenschaftlichen Erkenntnissen ein gesellschaftspolitisches Engagement abzuleiten und den Gedanken der friedlichen Koexistenz zu begründen. Dies tat er vielleicht, um das abzumildern, wofür er früher als junger Wissenschaftler so große Begeisterung gezeigt hatte, zu einer Zeit, in der er sich dem Strudel seines Erkenntnishungers mehr oder weniger kritiklos hingegeben hatte.

Irgendwann genügt es einer sehr gereiften Seele nicht mehr, rein wissenschaftliche Erkenntnisse zu erzielen. Sie möchte sich dann auch auf einem anderen Weg dem nähern, was wir als kosmisches Ganzes sehen. Carl Friedrich von Weizsäcker tauschte sich mit fernöstlichen Meistern aus und entdeckte, dass das westlich-logische Denken an Grenzen stößt, wenn es darum geht, das zu erfassen, was den Kosmos ausmacht und was hinter dem menschlichen und dem seelischen Sein steckt. Seine letzte spirituelle Erfahrung war umfassender als all das, was er im Laufe seines langen wissenschaftlichen Lebens erforscht und entwickelt hatte.

Damit möchten wir keineswegs die Arbeit aller Wissenschaftlerinnen und Wissenschaftler in der Menschheitsgeschichte mindern. Im Gegenteil, ihr kennt uns nun schon eine Weile aus einem Dialog heraus, der immer wieder verdeut-

licht, wie wichtig wissenschaftliche Erforschung des menschlichen Seins und Erforschung des menschlichen Eingebettetseins in ein kosmisches Ganzes ist. Aber wie ihr nun schon wisst, gibt es in der Menschheit unterschiedliche Erkenntniswege, und ihr tut gut daran, sie alle gleichermaßen zu würdigen. Der eine ist nicht besser als der andere. Alle verfolgen das Ziel, euer Eingebettetsein in das kosmische All-Ganze zu verstehen und so der Menschheit zu dienen.«

Eva Maria: »Gibt es noch etwas zur seelischen Entwicklung von Carl Friedrich von Weizsäcker zu sagen?«

Die Quelle: »Seine Seele stammt aus einer sehr großen Seelenfamilie, die wiederum einem Seelenverbund angehört, bei dem es darum geht, das Wesen der Menschheit zu erfassen. Dies bewog sie, sich auch außerhalb der wissenschaftlichen Disziplinen von Mathematik und Physik forschend zu bewegen. Es ist ihr eine Synthese gelungen, die jedoch im persönlichen Erleben verblieb und keine weiteren gesellschaftlichen Auswirkungen hatte. Diese Seele bewegt sich nun auf ein Leben als alte Seele zu. Sie hat sich vorgenommen, in einer späteren Inkarnation die Erkenntnisse von Ost und West – also von Spiritualität und Wissenschaft – zu vereinen.«

Eva Maria: »Vielen Dank!«

Julian Seymour Schwinger

Die Quantenelektrodynamik birgt ein Geheimnis

Ende der Dreißigerjahre des 20. Jahrhunderts entstanden die ersten Quantenfeldtheorien. Darin wurden Berechnungen der Quantenmechanik nicht nur auf Partikel angewandt, sondern auch auf Felder. Unter anderem Wolfgang Pauli erzielte damit erste Ergebnisse. Als ein wichtiger Denker innerhalb der sogenannten Quantenelektrodynamik gilt Julian Seymour Schwinger, geboren 1918 in New York, der als Jugendlicher bereits durch seine mathematisch-physikalische Hochbegabung auffiel. Den Physik-Nobelpreis für seine Leistungen in der Quantenelektrodynamik erhielt er 1965, gemeinsam mit Richard P. Feynman[9] und Shin'ichirō Tomonaga. Schwinger sagte u. a. die Existenz verschiedener Neutrino-Arten voraus; Pauli hatte bekanntlich als Erster überhaupt ein Neutrino postuliert. Schwinger starb 1994 in Los Angeles.

Die Quelle: »In Julian Seymour Schwinger steckte eine Seele, die von höchster Bedeutung für die Atomphysik ist. Bereits in dem vorangegangenen Leben hatte sie zu Fragen der Atome geforscht, musste diese Inkarnation aber sehr früh beenden. Sie gönnte sich in den seelischen Welten nur wenige Jahre, um sich bald wieder zu inkarnieren. Sie wusste um die guten Möglichkeiten der kommenden Zeit, in der Atomphysik Neues und Weiterführendes zu entdecken und zu entwickeln. Nur sehr selten wagen es Seelen, wenn sie ihre Inkarnation sehr früh und aus einem nicht gewollten Grund beenden mussten, sich sofort wieder zu inkarnieren, um dem von ihr bearbeiteten Thema noch einmal nachzugehen.[10]

Diese Seele versucht darüber hinaus, in jeder Inkarnation über die Grenzen des Machbaren zu gehen. Es ist sozusagen ihr seelischer Weg – ganz gleich wo und als wer und mit welcher Aufgabe sie sich inkarniert –, über die Grenzen des Machbaren hinauszugehen. Wie ihr unschwer folgern könnt, hat dies häufig dazu geführt, dass sie sich in riskante oder schwierige Situationen begab, die nicht selten zu einem jähen Tod ihres Trägers geführt haben. Insofern ist diese Seele eine außergewöhnliche Seele, auf die ihr in Gestalt des Julian Seymour Schwinger gestoßen seid. Wir freuen uns, dass ihr uns die Möglichkeit gebt, über sie zu sprechen.

Was aus unserer Sicht noch bemerkenswert wäre an Schwinger, ist die Tatsache, dass er sich zeitlebens nicht entmutigen ließ, auch wenn seine Theorien sich als nicht haltbar erweisen sollten. Er war so klug, dass er auch die Falsifikation einer These als Fortschritt beziehungsweise als Inspiration für weiteres Nachdenken erkannte.«

Eva Maria: »Die Stärke eines Quantenfeldes kann kurzzeitig um winzige Werte schwanken. Elektronen können entstehen und wieder verschwinden. Welcher Art ist diese Dynamik in den Quantenfeldern und woher kommt sie? Gibt es Ähnlichkeiten mit den von euch genannten morphischen Feldern?«

Die Quelle: »Das ist eine sehr interessante Frage, auf die wir schon lange gewartet haben! Denn dass es in der Quantenwelt ein Werden und Vergehen gibt, ist in der Tat ein interes-

santes Phänomen, das inzwischen von einigen eurer Physiker entdeckt wurde.

Wir würden uns zu weit vorwagen, wenn wir sagten, dass dieses Werden und Vergehen im physikalischen Bereich mit dem von uns angesprochenen morphischen Feld gleichzusetzen wäre. Das morphische Feld, unter dem wir das Gleichschwingen von Gedanken verschiedener Personen verstehen, ist aber ähnlich, dort können sich Gedanken verdichten, aber sie können auch wieder verschwinden. Immer dann, wenn eine Verdichtung stattfindet, also wenn an den Kontaktstellen von mehreren Gehirnen die gleichen Überlegungen stattfinden, schwillt diese Energie an. Sie kann sodann durch ›feine Antennen‹ in einem Gehirn aufgenommen und zur Wirklichkeit werden. Das heißt: Eine Idee formiert sich im Gehirn desjenigen, der diese Impulse empfangen hat, und er setzt diese Idee durch Berechnen, Zeichnen, Konstruieren und so weiter um.

Wenn es nun darum geht, an dieser Theorie weiterzuforschen und sie weiterzuentwickeln, so möchten wir eure Wissenschaftler und Wissenschaftlerinnen dazu aufrufen, hier folgenden Fragestellungen nachzugehen: Was bedeutet das Werden und Vergehen eines Elektrons? Woher kommt diese Dynamik? Wie wäre diese Dynamik nutzbar für die Ausgestaltung des subatomaren Raums und für neue Atome innerhalb des Periodensystems? Hier liegt nach unserer Einschätzung ein Forschungsgebiet, um zu neuen Stoffen zu kommen, die für euch und die Bewältigung der Klima- und Umweltkrise von großer Bedeutung sind.«

Eva Maria: »Vielen Dank!«

Sir Roger Penrose

Er sucht die Verbindung von Quantenmechanik, Kosmos und Bewusstsein

An dieser Stelle noch einmal ein großer zeitlicher und inhaltlicher Sprung nach vorn – aus aktuellem Anlass. Sir Roger Penrose, der große mathematische Physiker, teilte sich 2020 den Nobelpreis für Physik mit weiteren Preisträgern. Er wurde für seine Erkenntnisse auf dem Gebiet der Schwarzen Löcher mit dem Nobelpreis geehrt, besonders seine mathematischen Arbeiten in den 1960er Jahren trugen dazu bei.

Penrose befasste sich außer mit Kosmologie auch mit der physikalischen Erklärung für Bewusstsein. Er gab dazu bereits ein Buch heraus: *Consciousness and the Universe*, also: Bewusstsein und das Universum. Die sogenannte extra sensory perception (ESP), d. h. die außersinnliche Wahrnehmung (ASW), die auch Wolfgang Pauli beschäftigt hatte, wird dort als untersuchungswürdig beschrieben, um dem Phänomen Bewusstsein noch besser auf die Spur zu kommen.

Eva Maria: »Penrose wurde 1931 in Colchester, Essex, geboren. Seine Mutter war Ärztin, sein Vater Psychiater und Professor für Genetik. Ein Bruder ist Physiker, ein weiterer Psychologe und 10-facher Schachmeister. Penrose ist auf der Suche nach dem Sitz des Bewusstseins, sehr vereinfachend gesagt. Seiner Theorie zufolge führen subtile physikalische Prozesse in einem hochentwickelten Nervensystem zu Geist und Bewusstsein.«[11]

Die Quelle: »Roger Penrose ist nicht nur aus seelischer Sicht, sondern auch hinsichtlich seiner Erkenntnisse auf dem Gebiet der Physik und der Bewusstseinsforschung sehr interessant.

Die Seele von Sir Roger Penrose inkarnierte sich in diesem Leben ganz bewusst in eine Familie, in der sie sich gut entfalten konnte. Aus dieser Umgebung schöpfte Penrose schon in seiner Kindheit und Jugend wichtige Impulse. Vor allem beeindruckten ihn die Erzählungen seines Vaters aus seiner beruflichen Tätigkeit. Bereits damals keimte in ihm der Wunsch auf, einmal dem auf den Grund zu gehen, was das Bewusstsein ist. Er wollte wissen, was der Geist im menschlichen Körper bewirkt und wie es zu einer bestimmten Form von Intelligenz kommt, die es euch ermöglicht, kosmische Prozesse qua Sprache der Mathematik und der Physik begreiflich zu machen. Penrose beschloss, eine Profession einzuschlagen, in der es ihm möglich war, die Geheimnisse sowohl des Kosmos als auch der menschlichen Intelligenz zu entschlüsseln.

Aus der Verwurzelung in seiner Herkunftsfamilie erlangte der angehende Forscher sowohl Stabilität für sein zukünftiges Wissenschaftlerleben als auch ein Einheitsbewusstsein, das innerhalb der Familie vorherrschte und zu dem fast jedes Familienmitglied Zugang hatte. Hier war also das entstanden, was wir an anderen Stellen als ›morphisches Feld‹ bezeichnet haben. Für Penroses Seele bedeutete dies: Sie befand sich in einem förderlichen emotionalen, aber auch seelisch-geistigen Lernfeld. Überdies gelang es Penrose später, mit den Koryphäen seines Faches – unter anderem auch Stephen Hawking – im direkten Austausch zu stehen und zusammenzuarbeiten. Er ist auch ein gutes Beispiel dafür – ähnlich wie Descartes und Leibniz –, Impulse aus anderen seelischen Ebenen aufzunehmen und zu verarbeiten.

Auf der Basis dieses fruchtbaren familiären und beruflichen Umfelds konnte es nun zu diesen bahnbrechenden Erkenntnissen kommen, für die er 2020 den Nobelpreis bekam. Die Vereinbarkeit der Existenz von Schwarzen Löchern mit der Relativitätstheorie von Albert Einstein hatte der Physik lange Zeit große Rätsel aufgegeben. Einige von Penroses Thesen zur Quantenmechanik sind noch umstritten. Nichtsdestotrotz ist dieser Forschungszweig ein Bereich, der dem, was aus seelischer Sicht über die Existenz des Kosmos und über die Verbindung von kleinsten Einheiten innerhalb der Materie zu sagen ist, am nächsten kommt.

Kommen wir nun zu der Theorie des Bewusstseins, die Penrose aufgestellt hat. Er verortet darin das Bewusstsein innerhalb des menschlichen Körpers auf einer sogenannten Mikroebene und zieht daraus die Schlussfolgerung, der Erkenntnisrahmen des Menschen sei begrenzt und sein Bewusstsein nur ein Teil des großen Ganzen. Dies versuchen auch wir euch in unseren Durchsagen immer wieder zu übermitteln. Und so möchten wir euch sagen, dass Sir Roger Penrose – in dem eine alte Seele ruht – im Begreifen des kosmischen Ganzen schon sehr weit fortgeschritten ist.

Tatsächlich gibt es in eurem Körper Prozesse auf subtilster Ebene, die von euch und euren Apparaturen noch nicht gemessen werden können, die aber qua mathematischer Logik da sein müssen. Und so möchten wir der Theorie von Roger Penrose zu 90 Prozent zustimmen: Das Bewusstsein, der Geist, ruht auch als Energie innerhalb des Körpers und beeinflusst so bio-physikalische Prozesse. Was hier noch nicht beantwortet ist aus unserer Sicht, betrifft die Frage, wie dieser Geist beeinflusst wird und woher Impulse für den Geist kommen.

Und hier wiederum setzen wir an und sagen euch, dass euer Geist und euer Bewusstsein gespeist werden aus den Impulsen der seelischen Welten, die wiederum eingebettet sind in ein kosmisches Ganzes, das auch als ›übergeordnete Intelligenz‹ bezeichnet werden kann. Und so ist es also so – um es einmal vereinfachend in der Sprache eurer westlich-christlichen Religion zu sagen –, dass Gott oder das All-Ganze in euch und mit euch wirkt.

Wir danken euch, dass ihr uns den Namen Roger Penrose genannt habt, denn er ist einer jener Physiker, denen es nahezu gelungen ist, sich der Verbindung zwischen kosmischer Intelligenz und menschlichem Bewusstsein auf eine sehr subtile und richtige Art und Weise zu nähern.«

Fragen an die Quelle

Was ist im subatomaren Raum los? Gibt es Paralleluniversen?

Eva Maria: »Wir haben noch einige Rückfragen. Was habt ihr mit dem ›Stein der Weisen‹ gemeint, über den ihr im Zusammenhang mit Wolfgang Pauli spracht?«

Die Quelle: »Wir nutzten diese Formulierung aus der Alchemie, weil sie übertragbar ist auf die heutige Situation: jenseits des bekannten Periodensystems der Elemente neue ›Steine der Weisheit‹ zu finden, aus denen heraus neue Werkstoffe und neue Technologien entwickelt werden und somit eure Probleme auf der Erde gelöst werden können.«

Eva Maria: »Gibt es in der sogenannten unbelebten Materie bereits Geist oder Bewusstsein im atomaren Bereich?«

Die Quelle: »Es ist schwierig, diese Frage zu beantworten, denn sie hängt auch von begrifflichen Definitionen ab. Wenn ihr von Bewusstsein sprecht, so ist dies in eurer Vorstellung derzeit nahezu gänzlich auf menschliche und teilweise auch tierische Lebewesen begrenzt. Ihr seid gerade erst dabei, zu entdecken, dass im Bereich der Pflanzen eine Form der Kommunikation besteht, die man unter Umständen auch als ›Bewusstsein‹ bezeichnen könnte.

Tauschen wir das Wort Bewusstsein einmal mit dem Wort ›Kommunikation‹ oder ›Interaktion‹ aus, so kommen wir der

Sache schon näher. Und so würden wir behaupten, dass es auch im atomaren Bereich eine Form der Interaktion und Kommunikation gibt. Insofern ist die unbelebte Materie nicht gänzlich ohne Bewusstsein, wenngleich das Bewusstsein auch eine andere Form hat als das Bewusstsein, das euch qua Mensch über eure Gehirne zur Verfügung steht.«

Eva Maria: »Kann der menschliche Geist Einfluss nehmen auf unbelebte Materie – und sei es unwissentlich?«

Die Quelle: »Natürlich gibt es die Möglichkeit, dass ein Mensch qua seines Geistes auf Materie und Maschinen Einfluss nehmen kann. Auch wenn nur wenige Menschen davon derzeit Gebrauch machen, so ist dies doch möglich, und es ist aus unserer Sicht auch gar nicht so schwer. Geht einmal davon aus, dass ein gewisses Maß an Bewusstsein in den Dingen steckt, die ihr fertigt, wie Geräte, Maschinen usw. Dieses Maß an Bewusstsein kann mit dem Geist, in Verbindung mit dem seelischen Bewusstsein eines Menschen, in Kontakt treten und sozusagen interagieren. Dies geschieht im subatomaren Raum, allerdings da, wo es sich eurer Kenntnis derzeit noch entzieht – was aber von einigen Wissenschaftlern in Ansätzen bereits angedacht wird. Hier spielt die Quantenphysik eine große Rolle.

Wir können an dieser Stelle sagen: Ja! Es ist möglich, dass Menschen mit Materie auf einer subtilen Ebene in Kontakt treten und sie beeinflussen können.«

Eva Maria: »Die sogenannte Verschränkung hatte auch Albert Einstein Rätsel aufgegeben, und er nutzte das Wort

›spukhafte Fernwirkung‹ dafür. Bei diesem Phänomen verhalten sich zwei voneinander getrennte Elektronen bei der Änderung des Spins – der Änderung der Drehbewegung um die eigene Achse – bei einem der beiden, als wären sie miteinander verbunden. Das zweite Teilchen verändert sich unerklärlicherweise mit.«

Die Quelle: »Beginnen wir noch einmal mit Niels Bohr. Er entdeckte, dass zwei Teilchen zueinander in Verbindung stehen können, auch wenn sie weit voneinander entfernt sind, und dass zwischen diesen beiden subatomaren Teilchen eine Wechselwirkung besteht.

Was Niels Bohr aber nicht wusste und nicht wissen konnte, ist, dass sich diese beiden Teilchen tatsächlich in einer Art ›Paralleluniversum‹, wie es die Wissenschaft zurzeit noch nennt, bewegen. Das heißt, dass im subatomaren Raum Teilchen sowohl hier als auch dort sein können, also wie in verschiedenen Räumen. Das Hier ist der bekannte Raum, das Dort befindet sich jenseits eurer Erfassungsmöglichkeiten durch die menschlichen Sinne. Dies versetzt eure Physiker immer noch in Erstaunen, und sie begreifen es nicht, wenngleich sie es mittlerweile in der Sprache der Mathematik erfassen können und wenngleich auch die Quantenmechanik in viele eurer Erfindungen Eingang gefunden hat.«

Eva Maria: »Wie dürfen wir verstehen, dass Teilchen ›hier als auch dort‹ sein können? Bezieht ihr euch auf die sogenannte Antimaterie?«

Die Quelle: »Bei diesem komplexen Thema ist es schwierig, die passenden Begrifflichkeiten zu finden. Deshalb haben wir auch von einer Art Paralleluniversum gesprochen. Was wir euch sagen können, ist, dass es sich bei dieser Art von Paralleluniversum um eine Form von Antimaterie handelt. Wenn Teilchen hier wie dort sein können, dann können sie theoretisch auch außerhalb der Materie existieren.

Wir möchten zu einer Perspektiverweiterung beitragen. Wir möchten Menschen darauf vorbereiten, dass es im gesamten Bereich der Physik, die sich mit Materie und den Phänomenen des Kosmos beschäftigt, zu neuen Erkenntnissen kommen wird. Sie werden im Rahmen der Bewusstseinserhöhung stattfinden. Es geht uns eigentlich nur darum, dies in aller Vehemenz deutlich zu machen.«

Eva Maria: »Gibt es denn tatsächlich Paralleluniversen?«

Die Quelle: »Der Begriff ›Paralleluniversum‹ – und somit die benutzten Bilder von ›hier‹ und ›dort‹ – ist insofern nicht ganz korrekt, weil er sich auf jenen Bereich bezieht, der für eure menschlichen Gehirne derzeit noch unvorstellbar ist. Aus unserer Sicht heraus gibt es also nur ein Universum. Es gibt aber auch ein ›menschliches Universum‹, und innerhalb des menschlichen Universums können nur bestimmte Dinge begriffen werden.

Der Aufbruch in weitere Dimensionen, die aus dem Raum-Zeit-Gefüge hinausreichen, mit euren Parametern von Mathematik und Physik, der Aufbruch in diese Dimensionen wird nach und nach vonstattengehen im Zuge der weiteren Erhöhung des Bewusstseins der Menschen.

Dieses Universum – nun als großes Ganzes gesehen – entwickelt sich weiter. Es beschleunigt sich – um es einmal verkürzt und vereinfacht zu sagen. In dieser Beschleunigung steckt auch das, was wir als Erhöhung des Bewusstseins bezeichnen. Also: Die kosmische Intelligenz erhöht sich stetig, und mit der Erhöhung dieser kosmischen Intelligenz ändert sich auch die Entwicklung der Menschheit.

Wenn eure Wissenschaft nun so weit fortgeschritten ist, dass in der abstrakten Sprache der Mathematik etwas berechnet werden kann, dass euch diese Sprache der Mathematik in verschiedenen technischen oder anderen Bereichen nützt, ohne dass es für eure Gehirne direkt begreifbar ist, so liegt das auch darin begründet, dass die kosmische Intelligenz sozusagen schneller gewachsen ist als das Bewusstsein der Menschen.

Dies ist mit ein Grund dafür, warum wir uns dazu entschlossen haben, zu euch zu sprechen und euch darauf aufmerksam zu machen, dass beides sich wechselseitig bedingt. Eure wissenschaftlichen Fortschritte können sich nur ergeben, wenn gleichzeitig innerhalb des Kosmos eine Erhöhung der Intelligenz oder des Bewusstseins stattfindet. Das seelische Bewusstsein ändert sich gleichzeitig: Die Seelenenergie hat durch die vielen Inkarnationen, die die Seelen bereits in der Geschichte der Menschheit durchlaufen haben, ebenfalls eine erhöhte energetische Schwingung erreicht. Momentan wirkt demnach zweierlei auf euren Planeten und auf euch als Menschheit ein: zum einen die Erhöhung der kosmischen Intelligenz, zum anderen die Erhöhung des seelischen Bewusstseins.

Die menschlichen Gehirne werden sich verändern in der Hinsicht, dass sie Phänomene erkennen und erforschen können, die bis heute noch jenseits der menschlichen Vorstellungswelt liegen. Mit der fortschreitenden Entwicklung der menschlichen Gehirne, wie sie im Großen und Ganzen nach dem Jahr 2000 begonnen hat, wird sich auch die Erkenntnisfähigkeit der Menschen erhöhen. Ihr werdet vieles verstehen können, was momentan noch außerhalb eurer Vorstellungswelt liegt.

Wenn wir aus den seelischen Welten heraus nun zu euch sprechen, so tun wir dies, um eure Aufmerksamkeit und eure Sinne für Phänomene zu schärfen, die in den kommenden Jahren, Jahrzehnten und Jahrhunderten auf euch zukommen werden und die die Menschheit noch einmal ›auf eine neue Umlaufbahn‹ katapultieren. Nehmt einmal das Bild, wie ihr es kennt: Planeten kreisen um einen Stern, so, wie die Erde um die Sonne kreist. Nehmen wir einmal an, durch die erhöhte kosmische Intelligenz und Schwingung bewegt sie sich nun auf einer höheren Umlaufbahn. Dann könnt ihr in etwa ermessen, welche Entwicklungen aus unserer Sicht hier noch geschehen werden.«

Eva Maria: »Vielen Dank für diese Aussicht! Wenn wir aber die Realität auf diesem Planeten anschauen, so sind die Menschen dabei, ihn zu zerstören. Eine Erhöhung des Bewusstseins ist leider eher nicht in Sicht.«

Die Quelle: »Wir verstehen, dass es aus eurem Blickwinkel und aus eurer erlebten Wirklichkeit heraus schwer für euch ist, eine Entwicklung zum Besseren zu erkennen. Doch wir möchten euch sagen, dass auch die derzeitigen gesellschaft-

lichen Umbrüche mit diesem Geschehen zusammenhängen, welches wir euch als Anhebung des Bewusstseins übermitteln. Wir geben euch auch hier ein Bild: Gebt einmal Sand in ein Glas und schüttelt es heftig. Ihr werdet sehen, dass dieser Sand herumwirbelt. Je nachdem, wie ihr das Glas haltet und schüttelt, wird es verschiedene Verwirbelungen zeigen. Wenn ihr das Glas wieder hinstellt, werdet ihr sehen, dass ein großer Teil dessen, was unten war, nun oben ist. Eine neue Art der Ruhe entsteht und eine neue Oberfläche, auf der sich etwas neugestalten kann. Dieses Bild ist vielleicht noch unvollständig, aber es kann helfen, euch diesen Prozess, dem ihr momentan als gesamte Menschheit unterliegt, zu verdeutlichen.

Wir verstehen sehr wohl, dass es sehr schwer ist, aus eurer zutiefst menschlichen Sicht unsere Botschaft mit dem, was derzeit in vielen Ländern der Erde an Umwälzungen geschieht, in Verbindung zu bringen. Jedoch ist es tatsächlich so – und das möchten wir immer wieder betonen –, dass auch dies zu diesem revolutionären Prozess gehört, den wir als Bewusstseinssprung der Menschheit bezeichnen möchten.

Bitte vergesst dabei nicht, dass es noch viele jüngere Seelen gibt, die sich inkarnieren und die die Lebensbezüge in aller Einfachheit erfahren möchten, da sie sonst überfordert wären und sich sofort wünschen würden, zu exkarnieren. Deshalb wird die Erde gesellschaftlich noch eine Weile so bleiben, wie sie ist. Das heißt: Ihr werdet Völker und Kulturen in unterschiedlichen Verfassungen haben, ihr werdet noch Staaten unter diktatorischem Regime haben. Aber ihr werdet auch erleben, dass es in vielen Ländern immer wieder Aufbrüche gibt. Um im Bild zu bleiben: Der Sand wird von unten nach oben gedrückt und verwirbelt sich.

Wir möchten an dieser Stelle noch einmal daran erinnern, dass sich die menschliche Entwicklung nie allein über Vorwärtsschübe bewegt hat, sondern dass es – wie beim sprichwörtlichen Pendel – immer hin und her ging, vor und zurück. Jedoch möchten wir euch – die ihr uns hören könnt oder später von uns lesen werdet – bitten, euch nicht zu ängstigen, sondern die Gegebenheiten, wie sie sind, anzunehmen. Jede Seele, die sich inkarniert hat, leistet einen wichtigen Beitrag zu dem, was wir seelische Erkenntnis nennen und was innerhalb des Kosmos Auftrag und Wirklichkeit ist.«

Kapitel 9

Der aktuelle Bewusstseinssprung birgt Lösungen für globale Probleme

Eva Maria: »Bitte fasst noch einmal zusammen, was ihr unter ›ansteigender kosmischer Bewusstseinsenergie‹ versteht.«

Die Quelle: »Die erhöhte kosmische Bewusstseinsenergie ist insgesamt ein ›Joint Venture‹ aller kosmischen Energien, die uns und euch bekannt sind. Sie besteht erstens aus der Bewusstseinsenergie der seelischen Welten, die sich im Laufe der Jahrtausende verdichtet hat. Alle Seelen nehmen alles Erfahrene und alles Gedachte mit. Das seelische Bewusstsein ist deshalb inzwischen so erhöht, dass sich manche seelischen Lernschritte nun vereinfachen.

Sie besteht zweitens aus der geistigen Welt, anders formuliert: aus der geistigen Bewusstseinsenergie. All das, was im Laufe der Jahrtausende von den Menschen gedacht und gedanklich konstruiert wurde, bewegt sich in einem gedanklichen Speicher, der ähnlich dem Speicher der Seelenfamilien immer mehr angefüllt wird und so energetisch ansteigt. Seelische Welten und geistige Welt gilt es trotz Annäherungen zu unterscheiden.

Sie besteht drittens aus der Intelligenz des All-Ganzen. Diese beinhaltet kosmische Energien, die weitaus stärker sind als die der seelisch-geistigen Welten. Diese Energien vermögen es, vermehrt mit den seelischen Welten in Kontakt zu treten. Sie üben übergeordnete und ordnende Einflüsse aus.

Diese – aus den genannten Bestandteilen zusammengesetzte – kosmische Bewusstseinsenergie gibt euch auf euren wissenschaftlichen Erkenntniswegen einen neuen Schub, sodass es euch möglich sein wird, Erfindungen zu machen, die bisher als unmöglich galten. Diese Energie greift darüber hinaus auch in eure atomare Struktur ein.«

Die kosmische Bewusstseinsenergie

Ihr großer Einfluss auf uns und unsere Zukunft

Eva Maria: »Bitte erklärt die Auswirkungen der kosmischen Bewusstseinsenergie etwas ausführlicher.«

Die Quelle: »Die kosmische Bewusstseinsenergie speist sich aus den drei genannten Quellen. Sie wirkt in dreifacher Weise auf das menschliche Bewusstsein: erstens über das Gehirn – und hier vor allem organisch über die Zirbeldrüse –, sodass der Mensch Impulse aus dem seelischen Unterbewussten aufnehmen und in seine gedankliche Arbeit integrieren kann.

Zweitens kann das Gehirn Impulse aus der geistigen Welt oder dem Pool dessen, was an Gedanken bereits existiert, empfangen und in das eigene Denken integrieren. Die dritte Form, wie dieses erhöhte kosmische Bewusstsein auf das menschliche Bewusstsein wirkt, sind Durchsagen über geistige Medien, also Menschen mit medialen Fähigkeiten aller Art. Ihr werdet in den kommenden Jahrzehnten und Jahrhunderten vermehrt auf Menschen treffen, die diese Fähigkeit in der einen oder anderen Form besitzen und die auch bereit sind, sie öffentlich zu machen sowie für eure Gesellschaften förderlich einzusetzen.

Wir geben euch das Bild der Diffusion: Stellt euch vor, es gibt eine Art Hülle oder Membran um die Erde, die mit der

Zeit immer durchlässiger wird für das, was aus dem gesamtkosmischen Bewusstsein kommt und auf eure menschlichen Inkarnationen, aber auch auf eure sogenannte unbelebte Materie einwirkt.«

Die Erde

Wie erstes Leben entstehen konnte und wie das Leben weitergeht

Die Quelle: »Der Kosmos ist nicht statisch, sondern dynamisch, er entwickelt sich. Die Intelligenz des All-Ganzen, die kosmische Schöpfungsenergie – so nennen wir einmal das für euch so Unbegreifbare – kann sich nun mehr und mehr mit der Energie aus euren seelisch-geistigen Welten verbinden. Und damit begann der Prozess, den wir als ›Bewusstseinssprung‹ seit der Jahrtausendwende bezeichnen. Ihr könnt durch die Verbindung von seelisch-geistigen Welten und kosmischer Schöpfungsenergie in eine neue Form des Bewusstseins vordringen.

Wir zählen als gleichwertige bewusstseinserweiternde Techniken: die Meditation und alle therapeutischen Wege, die sich dem seelischen Sein widmen, sowie die Mathematik und das Entwickeln von Künstlicher Intelligenz, die euch in der Rückkoppelung und Verbindung mit menschlicher Intelligenz noch weitere Wege eröffnen wird.«

Eva Maria: »Wie wirkt sich diese angehobene kosmische Bewusstseinsenergie auf die Materie aus? Vielleicht möchtet ihr hier zwischen unbelebter und belebter Materie unterscheiden?«

Die Quelle: »Zur belebten Materie zählt ihr alles, was in der Natur vorkommt und sich auf eine bestimmte Art und Weise reproduziert. Bei der belebten Materie mit einer DNA wird sich durch dieses angehobene Bewusstsein oder durch diesen angehobenen Energielevel die DNA nach und nach verändern dadurch, dass bestimmte Gene an- oder ausgeschaltet werden und dass die DNA sich teilweise neu formieren wird. Das wurde von euren Wissenschaftlerinnen und Wissenschaftlern aller Wahrscheinlichkeit nach noch nicht angedacht und ist für viele noch nicht vorstellbar, trotz der enormen Fortschritte, die auf diesem Gebiet gerade gemacht werden.

Die sogenannte unbelebte Materie – die in der Natur vorkommt und von euch Menschen nicht mittels physikalischer und chemischer Prozesse genutzt und verarbeitet wird – erfährt Veränderungen im subatomaren Raum, was zu einer ›Verfestigung‹ führt.

Das heißt also: Euer Planet samt aller sogenannter unbelebter Materie und samt aller darauf lebenden Wesen wird in Zukunft – dieser Begriff ist dehnbar bis auf viele Jahrtausende hinaus – Veränderungen und Entwicklungen erfahren. Euer Planet entwickelt sich immer weiter. Durch sein Eingebettetsein in das Sonnensystem wird er noch weiteren kosmischen Einflüssen ausgesetzt sein, die seiner Entwicklung dienen.«

Eva Maria: »Wir würden gerne noch eine Frage anschließen, die uns schon lange bewegt: Wie entstand Leben auf der Erde, und warum können heute selbst unter optimalen Laborbedingungen keine Einzeller aus molekularen Bausteinen nachgebaut und zum Leben erweckt werden?«

Die Quelle: »Leben entstand auf der Erde, weil die kosmischen Bedingungen im gesamten Weltraum es so herbeiführten. Das Entstehen von Leben im Sinne von biologischem Leben – und ihr habt ja immer noch diese Unterteilung zwischen unbelebter und belebter Materie in euren Wissenschaften –, also beispielsweise eines Einzellers, war daran gebunden, dass eine bestimmte Information die Energie der Moleküle anhob. Sie konnten sich aufgrund dessen miteinander verbinden und zum Einzeller werden. Dies ist das, was wir in einer früheren Unterredung mit euch bereits als ›Kuss des Kosmos‹ bezeichnet haben.

Die Erhöhung der kosmischen Schöpfungsenergie, die dazu führte, dass biologisches Leben entstehen konnte, war ein ähnlicher Prozess, wie er auch heute stattfindet. Heute ist es der Dreiklang von erhöhter Schöpfungsenergie, erhöhter Seelen-Energie und erhöhter Geist-Energie, der auf die Erde einwirkt und große Auswirkungen haben wird. Anders ausgedrückt: Es ist immer ein erhöhter Energielevel, der zu Sprüngen in der Entwicklung eines Planeten führt. Auf der Erde führte er in einem ersten Schritt zu der sogenannten Evolution.

Wenn ihr nun versucht, Leben künstlich herzustellen, also nachzuahmen, was damals geschah, als sich die ersten Einzeller bildeten, so ist dies nicht möglich. Damals, zu Beginn der Evolution, herrschte ein anderes Energieniveau auf der Erde, und dieses Energieniveau von damals ist nicht reproduzierbar. Aber! Und jetzt kommt das große Aber oder Jedoch: Es werden in Zukunft auf der Erde neue Formen des Lebens entstehen im Sinne von biologisch belebter Materie.

Zwar seid ihr als Menschheit noch nicht so weit, dies zu erkennen, aber es ist im evolutionären Plan des Planeten Erde grundgelegt. Es müssen sich dazu die energetischen Bedingungen ändern, was in den Anfängen nun bereits geschieht.

Wie dieses neue Leben aussehen wird, können wir euch nicht sagen, denn es ist auch uns in seiner gesamten Dimension noch verschlossen. Schaut euch eure Evolution an. Sie hat Milliarden Jahre gebraucht, um das Leben auf der Erde so zu entfalten, wie ihr es heute wahrnehmen könnt. In einer ähnlichen, wenngleich auch beschleunigten, Zeitdimension wird neues Leben auf eurem Planeten entstehen. Dies ist im evolutionären Schöpfungsplan des Planeten Erde angelegt, der seiner Vollendung zustrebt.

Dies mag euch etwas Trost bringen hinsichtlich eurer Ängste angesichts der Klimakrise. Es entbindet euch jedoch nicht davon, zur Überwindung dieser und anderer Krisen selbst weiter nach Lösungen zu suchen, Ideen beizutragen und neue Technologien – auch Biotechnologien – zu entwickeln. Ihr seid eingebunden in diesen evolutionären Schöpfungsplan qua eurer Gehirne, eueres Geistes. So muss und soll es sein, damit Neues entstehen kann und sich Planet und Kosmos weiterentwickeln können.«

Der Schöpfungsplan zur kosmischen Harmonie

In welcher Phase sind wir? Aus dem Innersten erwächst die Frucht

Die Quelle: »In diesem neuen Zeitalter, das nach der Jahrtausendwende begonnen hat, wird noch einmal ein großer Erkenntnisschub im Bereich dessen, was die Welt und die Menschheit in ihren kleinsten und aberkleinsten Teilchen zusammenhält und abbildet, auf euch warten. Und ihr werdet in der Entdeckung des Kleinsten noch große Entwicklungen und Verbesserungen für eure menschliche Lebensqualität finden.

Man kann dies in das Bild einer Pflanze mit einer wundervollen Blüte fassen, deren Streben es zunächst einmal ist, aus der geschlossenen Knospe hervorzuquellen und sich nach außen in den Raum hinein auszubreiten. In einem zweiten Entwicklungsschritt neigt die Pflanze ihre Blütenblätter und beginnt mit der Innenschau. Dieses Bild kann euch nur in Ansätzen begreiflich machen, wie die Bewusstseinsentwicklung der Menschheit voranschreitet und an welchem Punkt sie nun angelangt ist. Wenn sich eine Pflanze ihrem Innern zuneigt, um zu ihrem Kern vorzudringen und daraus eine Frucht oder etwas Neues zu bilden, so ist dies immer damit verbunden, dass bestimmte Teile absterben und zu Ende gehen. So ähnlich könnt ihr das verstehen, was momentan euch und euren Planeten so erschüttert und viele Menschen verängstigt.

Wir möchten euch aber an dieser Stelle noch einmal zusi-

chern, dass das Ende der Welt noch lange nicht gekommen ist, sondern dass ihr an der Schwelle zu einem neuen, großartigen Abschnitt der Menschheitsgeschichte steht, – auch wenn dies für euch noch kaum zu begreifen ist.

Abschließend möchten wir sagen: Ja, es gibt einen Schöpfungsplan, der jedoch weitaus größer und umfassender ist, als es in Religionen überliefert ist. Die Physik und die Kosmologie stehen an der Schwelle zu dieser Erkenntnis. Ihr werdet euch noch wundern, welche wissenschaftlichen Erfindungen in den nächsten Jahrzehnten nicht nur denkbar, sondern auch machbar sein werden. Wir möchten euch an dieser Stelle ermuntern, nicht den Mut zu verlieren und voranzuschreiten. Gebt euch nicht euren Ängsten hin, die euch nur blockieren und den Blick für das Machbare einengen. Es gilt, das Undenkbare zu denken und das neu Gedachte auch zu tun.«

Eva Maria: »Unser herzlicher Dank an euch beide Quellen!«

Dank

Unser Dank gilt unseren beiden Lektorinnen, Ina Kleinod und Ruth Kalmund.

Wir danken Prof. Dr. Ernst Peter Fischer a.D. für seine sehr wertvolle konstruktive Kritik sowie sein verständnisvolles Vorwort.

Für seine wissenschaftlichen Hinweise gilt unser herzlicher Dank Prof. Dr. Theo Almeida-Murphy.

Wir sagen ein herzliches Dankeschön Manuela Menge (†) und Dirk Preuß, unsere ›Test-Leser‹, für ihr Interesse und für ihre Fragen.

Und wie immer: Tiefer Dank an die beiden Quellen, die uns in das beginnende dritte Jahrtausend begleiten.

Über die Autorinnen

Eva Maria Pfeiffer, Jahrgang 1959, studierte nach dem Abitur Sozialpädagogik, entschied sich nach dem Diplom jedoch für den Journalismus. Nach einer Ausbildung beim Institut für publizistischen Nachwuchs in München arbeitete sie bei einem Dritte-Welt-Magazin der katholischen Kirche (inkl. Aufenthalte in Afrika und Asien). Es folgten Stationen in PR und Werbung. Zuletzt arbeitete sie als Redakteurin in einem Medienkonzern. Eine Ausbildung bei dem geistigen Medium Alice Lülfsmann förderte ihre eigene geistige Medialität zutage. Sie lebt mit ihrem Ehemann in Baden-Württemberg.

Dr. phil. Marion Menge, Jahrgang 1960, studierte Deutsch und Psychologie in Eichstätt, München und Washington D.C. Sie arbeitete als Regieassistentin am Schlosstheater Moers und an der Freien Volksbühne in Berlin. Nach der Promotion an der Universität (damals: Hochschule) der Künste in Berlin wurde sie Dozentin in der Personalentwicklung, inkl. Vortrags- und Seminarreisen u. a. nach Ottawa, Hanoi und Shanghai. Es folgte eine Coaching-Ausbildung bei RAUEN-Coaching. Sie ist Mutter eines erwachsenen Sohnes und lebt in Steinfurt bei Münster in Westfalen.

Wenn Sie Interesse an einer Beratung zu wissenschaftlichen Fragen haben, dann wenden Sie sich bitte an Dr. Marion Menge unter: menge@scienceandsoul.de.
Für eine mediale Beratung zu Lebensfragen nutzen Sie bitte die E-Mail-Adresse: info@scienceandsoul.de.

Download-Link

Folgende Botschaft der Quelle steht als Audio-Datei im Zusammenhang mit diesem Buch als kostenloser Download für Sie bereit. Beim Herunterladen geben Sie bitte den Code **Quelle-Zukunft!** (bitte mit Ausrufezeichen) ein.

Der Link ist: https://echnatonverlag.de/produkt/download-durchsage-zum-buch-geschichte-erkenntnis-fortschritt/

- Was könnt ihr uns zur Seelenaufgabe von Bert Hellinger sagen?

Diesseits & Jenseits - Fragen an die Quelle:
Wenn Sie Interesse an weiteren Channelings zum aktuellen Zeitgeschehen haben, können Sie sich gerne für den monatlichen Newsletter von Eva Maria Pfeiffer auf unsere Website anmelden: https://echnatonverlag.de/autoren-2/eva-maria-pfeiffer/

Erde, Mensch, Zukunft!

Eine seelische Quelle erklärt,
warum das Beste noch vor uns liegt.

Tauchen Sie ein in eine faszinierende Reise durch die Geheimnisse der seelischen Welten und die Zukunft der Menschheit! Im ersten Buch *Erde, Mensch, Zukunft!* offenbart sich eine bisher unbekannte Dimension des Wissens, vermittelt durch mediale Durchsagen der ›Quelle‹ an Eva Maria Pfeiffer, unterstützt von Marion Menge.

Diese außergewöhnlichen Botschaften berühren die Grundfesten unseres Verständnisses von Leben und Bewusstsein. Sie gewähren Einblicke in die kosmische Vernetzung der menschlichen Seele und ihre unzähligen Inkarnationen. Doch damit nicht genug – sie richten den Blick auch auf die Zukunft der Menschheit, beleuchten Wege zu einer harmonischeren Gesellschaft und enthüllen erstaunliche Einsichten über die Entwicklung von Technologie, Wissenschaft und Umweltschutz.

Erde, Mensch, Zukunft! lädt Sie ein, die großen Fragen der Existenz zu stellen und auf Antworten zu stoßen, die Ihr Weltbild für immer verändern werden. Denn die Zeit ist gekommen, um ein höheres Bewusstsein zu erreichen und gemeinsam in eine vielversprechende Zukunft zu schreiten.

Anmerkungen und Quellenverzeichnis

Einleitung

[1] Das vorliegende Buch beruft sich auf die Reinkarnation der Seele. Vgl. Eva Maria Pfeiffer und Marion Menge: *Erde, Mensch, Zukunft!* Zum Begriff ›kausale Quelle‹ vgl. Varda Hasselmann und Frank Schmolke: *Welten der Seele.* S. 203 ff. Die Quellen der geistigen Medien Hasselmann und Pfeiffer sind nicht identisch.

[2] Eine kosmische Quelle spricht wie eine kausale Quelle in ›Wir‹-Form, ihre Seelen waren jedoch nie inkarniert.

[3] Mehr zu diesem Angebot für wissenschaftlich Forschende und Fragende findet sich unter www.scienceandsoul.de

[4] Diese ›Energie‹ ist (noch) nicht durch Messungen wissenschaftlich nachgewiesen, der Energie-Begriff in diesem Zusammenhang ist aber zurzeit der beste, um eine Bewusstseinsschwingung zu benennen, die sich ›verdichten‹ und ›erhöhen‹ kann.

[5] Dazu auch Ernst Peter Fischer: *Die andere Bildung – Was man von den Naturwissenschaften wissen sollte.*

[6] Max Delbrück: *Wahrheit und Wirklichkeit – über die Evolution des Erkennens.*

[7] Bei aller teilweise berechtigten Wissenschaftsskepsis und trotz der bekannten globalen Probleme: Ein Blick zurück und Studien belegen, dass es einen allmählichen zivilisatorischen Fortschritt auf der Erde gibt, der auf Entdeckungen, Erfindungen sowie auf der Anerkennung der Menschenrechte beruht.

[8] Peaks neuer genetischer Varianten beim Homo sapiens gab es bereits früher, vor gut 300.000 und vor 90.000 bis 40.000 Jahren. Vgl. Nadja Podbregar: *Wie Mutationen uns zu Menschen machten.* In: scinexx vom 25.7.2022, Quelle: Universidad de Barcelona

[9] Wir Autorinnen sind erklärtermaßen Laien. Fachleuten sei versichert, dass die Quellen wissenschaftlich belastbare Aussagen tätigen, sofern die Fragen von einer entsprechend geschulten Person kommen.

Kapitel I

[1] Das Prinzip ist der erkenntnisgenerierende Dialog. Für Fragende gilt: Je besser sie sich in einem Wissensgebiet auskennen, umso spezifischer können die Quellen antworten.

[2] Vgl. Károly Simonyi: *Kulturgeschichte der Physik.* S. 319

[3] Manfred Angerer: Beethovens Neunte. In: Programmheft 30./31. Dezember 2018, 1. Jänner 2019, Wiener Konzerthausgesellschaft, S. 9, in: https://de.wikipedia.org/wiki/ 9._Sinfonie_(Beethoven), Quellennachweis Nr. 4. Abruf zuletzt am 15.4.2022, was für alle Wikipedia-Abrufe in diesem Buch gilt.

[4] Dies sagen wir – wie könnte es anders sein – mit einem Augenzwinkern!

[5] Vgl. https://de.wikipedia.org/wiki/Webmaschine

[6] Historisch bedingt eher männlichen Geschlechts, deshalb verzichten wir hier auf die zusätzliche Benennung der weiblichen Form.

[7] Franz. Naturforscher und Chemiker (1743–1794)

[8] Vgl. Varda Hasselmann und Frank Schmolke: *Archetypen der Seele.*

[9] Vgl. https://de.wikipedia.org/wiki/Antoine_Laurent_de_ Lavoisier

[10] Die staatliche Steuereintreibung wurde zu jener Zeit von autorisierten Privatleuten vorgenommen. Die ›Ferme générale‹, eine Institution bestehend aus einer bestimmten Anzahl von Generalpächtern, errichtete im Ancien Régime zwischen 1785 und 1788 zahlreiche Schlagbäume auf den Zufahrtswegen nach Paris, an denen Steuern auf Grundnahrungsmittel zu zahlen waren, was das Volk missbilligte. Führende Mitglieder wurden deshalb während der Französischen Revolution am 8. Mai 1794 guillotiniert, darunter auch Lavoisier und sein Schwiegervater. (Vgl. https://de.wi- kipedia.org/wiki/Ferme_générale). – Zu Beginn möchten wir um Verständnis dafür bitten, dass wir nicht jede hier erwähnte Wissenschaftlerbiografie bezüglich etwaiger moralischer Verfehlungen ihres Trägers problematisieren können. Rückblickend derartige Maßstäbe anzulegen, steht uns Autorinnen nicht zu, wie wir meinen. Wohl aber ist es die Quelle selbst, die gelegentlich auf ›karmische Verstrickungen‹ hinweist, die aus dem Blickwinkel der seelischen Welten heraus Lernaufgaben nach sich ziehen.

[11] Zum Begriff ›Seelenwege‹ vgl. Varda Hasselmann und Frank Schmolke: *Die Seelenfamilie.* S. 258.

[12] Die Phlogiston-Theorie war eine Theorie der Verbrennung und wurde von der Sauerstoff-Theorie abgelöst.

[13] Vgl. https://de.wikipedia.org/wiki/Marie_Lavoisier

[14] Was mit ›Schwingungsfeld der Erde‹ genau gemeint ist, entzieht sich unserer Kenntnis. An anderer Stelle hieß es, dass Masse gleich Schwingung und Schwingung gleich Masse sei. Inwiefern dem die heutige Atomphysik zustimmen würde oder nicht, können wir nicht beurteilen. Die Quelle verortet sich selbst in der ›Immaterie‹, diese bestehe aus Schwingungen.

[15] Trinität, Dreieinigkeit, Dreifaltigkeit – die Vorstellung von der

Wesenheit Gottes als Gott Vater, Jesus Christus (Gottes Sohn) und Heiliger Geist

[16] Von der offiziellen Kirchenlehre abweichend, ketzerisch

[17] Vgl. https://de.wikipedia.org/wiki/Joseph_Priestly

[18] Vgl. https://de.wikipedia.org/wiki/Carl_Wilhelm_Scheele

[19] Vgl. https://de.wikipedia.org/wiki/Jan_Ingenhousz

[20] Hegels Dialektik in wenigen Worten – mit einem Augenzwinkern

[21] https://de.wikipedia.org/wiki/Kategorischer_Imperativ

[22] https://de.wikipedia.org/wiki/Allgemeine_Naturgeschichte_ und_Theorie_ des_Himmels

[23] Vgl. https://de.wikipedia.org/wiki/Immanuel_Kant

[24] Die Darstellung des Zusammenhangs von dominierenden Seelenaltern in der Bevölkerung und politischem System soll einem besseren Verständnis dienen, dabei nicht etwa einer Stigmatisierung Vorschub leisten. In den Aussagen der Quelle gilt grundsätzlich die Gleichwertigkeit aller Seelen und Menschen.

[25] Vgl. https://de.wikipedia.org/wiki/Jean-Jacques_Rousseau

[26] Vgl. https://de.wikipedia.org/wiki/Giovanni_Battista_Morgagni

[27] Leonardo da Vinci (1452–1519), Universalgelehrter

[28] Vgl. https://de.wikipedia.org/wiki/Rudolf_Virchow

[29] Es beschreibt die Anziehung zwischen zwei Punktladungen.

[30] Vgl. https://de.wikipedia.org/wiki/Charles_Augustin_de_ Coulomb und Károly Simonyi: Kulturgeschichte der Physik. S. 329 ff.

[31] Vgl. https://de.wikipedia.org/wiki/Wilhelm_Herschel

[32] Eva Maria Pfeiffer hört vor jeder medialen Durchsage das Stück *Da Pacem Domine.* Aus: Arvo Pärt: In Principo. Estonian Philharmonic Chamber Choir and Talinn Chamber Orchestra, ECM Records 2009. (Diese Interpretation ist ›besonders‹.)

[33] Eine klassische Frage der Metaphysik

KAPITEL 2

[1] Eigentlich: Leib-Geist-Dualismus

[2] Siehe dazu das Kapitel: Zu Gehirn, Seele, Geist und Psyche

[3] Vgl. https://de.wikipedia.org/wiki/René_Descartes

[4] Vgl. https://www.br.de/radio/bayern2/sendungen/kalenderblatt/1011-rene-descartes-durchbruch-philosophie- 100.html

[5] Eine schwer zu fassende Erkenntnis der Quantenphysik

[6] Vgl. https://de.wikipedia.org/wiki/Émilie_du_Châtelet

[7] Vgl. https://de.wikipedia.org/wiki/John_Locke

[8] Vgl. https://de.wikipedia.org/wiki/Gravitation

[9] Vgl. Károly Simonyi: *Kulturgeschichte der Physik.* S. 271

[10] Vgl. Ernst Peter Fischer: *Wenn das Wissen nicht mehr reicht.* Seite 73

[11] Vgl. https://de.wikipedia.org/wiki/Isaac_Newton

[12] Vgl: https://etheritage.ethz.ch/2010/12/17/william-derham- the-artificial-clock-maker-london-1734/

[13] https://de.wikipedia.org/wiki/Natürliche_Theologie

[14] Vgl. https://de.wikipedia.org/wiki/William_Derham

KAPITEL 3

[1] Gottfried Wilhelm Leibniz in: Harald Siebert: Leibniz-Objekt des Monats Dezember 2016 – Leibniz über Leibniz. In: Berlin-Brandenburgische Akademie der Wissenschaften: jahresthema. bbaw.de, abgerufen am 25. April 2019, in: https://de.wikipedia.org/wiki/Gottfried_Wilhelm_Leibniz, Quellennachweis Nr. 25

[2] Synonyme: geistige Welt, kollektives Bewusstsein

[3] Friedrich Wilhelm Heinrich Alexander von Humboldt (1769–1859), Forschungsreisender

[4] Den Trägerinnen und Trägern reinkarnierter Seelen berühmter Persönlichkeiten ist dies in der Regel nicht bewusst. Sollte die Trägerin der Leibniz-Seele dieses Buch lesen und sich angesprochen fühlen, so würden wir uns über eine Kontaktaufnahme sehr freuen. Ihr Aufgabengebiet hat vermutlich im weitesten Sinn mit wissenschaftsbibliothekarischer Tätigkeit zu tun – vielleicht sogar ausschließlich in digitaler Hinsicht (bspw. wie bei Wikipedia).

[5] Vgl. https://de.wikipedia.org/wiki/Charles_Babbage – dort ohne genaue Quellenangabe

[6] Vgl. https://de.wikipedia.org/wiki/Konrad_Zuse. Zuse hat im Zweiten Weltkrieg an einer Gleitbombe mitgearbeitet und sich im Nachgang erklärend, aber unseren Wissens nach nicht einsichts-

voll oder schuldbewusst geäußert. Wie an anderer Stelle bereits erwähnt, möchten wir dies nicht moralisch bewerten.

[7] Vgl. https://de.wikipedia.org/wiki/John_William_Mauchly

[8] Vgl. https://de.wikipedia.org/wiki/Alan_Turing

[9] Sie gingen vor Alans Geburt zurück nach Großbritannien.

[10] Vgl. https://de.wikipedia.org/wiki/Jimmy_Wales

[11] Vgl. https://de.wikipedia.org/wiki/Larry_Sanger

Kapitel 4

[1] Geistiger Kosmos, geistige Welt, kollektives Bewusstsein

[2] Vgl. Gottfried Wilhelm Leibniz: *Die Prinzipien der Philosophie und Monadologie.* In: Thomas Leinkauf (Hrsg.): Leibniz. S. 406–424

[3] Vgl. Varda Hasselmann und Frank Schmolke: *Archetypen der Seele.*

Kapitel 5

[1] Diese nicht als Diskriminierung von jungen Seelen zu verstehenden Zusammenhänge sollten neutral betrachtet werden wie bspw. der Unterschied zwischen Erst- und Viertsemestern o. ä.

[2] Sigmund Freud in: Peter André Alt: *Sigmund Freud. Der Arzt der Moderne – Eine Biographie.* Beck, München 2016, S. 17, in: https://de.wikipedia.org/wiki/Sigmund_Freud, Quellennachweis Nr. 35 und vgl. https://de.wikipedia.org/wiki/Sigmund_Freud

[3] ›Orgon‹ ist eine von Wilhelm Reich postulierte Form von Lebensenergie.

[4] Vgl. https://de.wikipedia.org/wiki/Wilhelm_Reich

[5] Von Reich auch als ›Verpanzerung‹ bezeichnet

[6] Gemeint sind, neben bestimmten Erfahrungs- oder Verarbeitungswünschen aus früheren Leben (den seelischen Interdependenzen), auch die Seelenrolle, Seelenängste und weitere Seeleneigenschaften.

[7] Der Lernschritt kann heute allein durch das Bewusstwerden erfolgen, bspw. in einer Rückführung, durch das Erinnern an ein Ereignis aus einem früheren Leben und wie dieses mit dem jetzigen zusammenhängt.

[8] Die Begriffe ›Unterbewusstsein‹ und ›Unbewusstes‹ werden hier synonym verwendet.

[9] Carl Gustav Jung in: GW18/1: §449. Gesammelte Werke. 18 Bände. Rascher, Zürich, in: https://de.wikipedia.org/ wiki/Carl_Gustav_Jung, Quellennachweis Nr. 177

[10] Vgl. https://de.wikipedia.org/wiki/Fritz_Perls

[11] Jüngste Forschungsergebnisse weisen darauf hin, dass manche Gene im menschlichen Genom eher zu einer Veränderung tendieren als andere. Vgl. Lars Fischer: *Mutationen sind nicht zufällig.* In: http//:www.spektrum.de/news/ evolution-mutationen-sind-nicht-zufaellig/197083

Kapitel 6

[1] Vgl. https://de.wikipedia.org/wiki/Frauenarbeit

[2] Auf Deutsch: Erklärung der Rechte der Frau und Bürgerin.

[3] Aus: Die Rechte der Frau/Déclaration des droits de la femme. Gisela Bock, dtv Verlagsgesellschaft, München 2018, in: https://de.wikipedia.org/wiki/Olympe_de_Gouges

[4] Susanne Garsoffky und Britta Sembach: *Die Kümmerfalle. Kinder, Ehe, Pflege, Rente – Wie die Politik Frauen seit Jahrzehnten verrät.* S. 20

[5] Vgl. https://de.wikipedia.org/wiki/Dorothea_Christiane_ Erxleben sowie insgesamt für dieses Kapitel auch: Annette Kerckhoff: Heilende Frauen – Ärztinnen, Apothekerinnen, Krankenschwestern, Hebammen und Pionierinnen der Naturheilkunde.

[6] Vgl. https://de.wikipedia.org/wiki/James_Barry

[7] Man spricht sogar vom ›Semmelweis-Reflex‹, wenn das wissenschaftliche Establishment eine Entdeckung reflexhaft ablehnt, weil sie Überzeugungen widerspricht. (Vgl. https://de.wikipedia.org/wiki/Semmelweis-Reflex)

[8] Aus einem Brief an den Gynäkologen Joseph Späth von 1861 in: https://de.wikipedia.org/wiki/Ignaz_Semmelweis

[9] Vgl. https://de.wikipedia.org/wiki/Henriette_Hirschfeld-Tiburtius

Kapitel 7

[1] Vgl. https://de.wikipedia.org/wiki/Thales, Quellennachweis 22

[2] Vgl. https://de.wikipedia.org/wiki/Eratosthenes

[3] Vgl. https://de.wikipedia.org/wiki/Claudius_Ptolemäus

[4] Vgl. https://de.wikipedia.org/wiki/Regiomontanus

[5] Seine Ideen wurden damals noch nicht als Ketzerei betrachtet, sondern allenfalls als ›Hirngespinst‹. (Vgl. https://de.wikipedia.org/wiki/Nikolaus_Kopernikus)

[6] Auch interessant: »Heute wird nicht die Saitenlänge, sondern die Frequenz als Maß für die Tonhöhe verwendet. (...) Die Entwicklung der Infinitesimalrechnung durch Isaac Newton und Gottfried Wilhelm Leibniz ermöglichte eine umfassendere theoretische Beschreibung einer schwingenden Saite.« https://de.wikipedia.org/wiki/Saitenschwingung

[7] Nach heutigem Sprachgebrauch sind damit auch die Naturwissenschaften gemeint.

[8] Galileo Galilei: Il Saggiatore. In: Opere di Galileo Galilei, Band VI., G. Barbèra, Florenz 1933, S. 232, in: https://de. wikipedia.org/wiki/Galileo_Galilei, Quellennachweis Nr. 5

[9] Vgl. https://de.wikipedia.org/wiki/Galileo_Galilei

[10] Vgl. Ernst Peter Fischer: *Wenn das Wissen nicht mehr reicht.* S. 55 ff.

[11] Galilei sah die vier grössten von insgesamt heute bekannten 92 Jupiter-Monden.

[12] Vgl. https://de.wikipedia.org/wiki/Johannes_Kepler

[13] Vgl. https://www.spektrum.de/lexikon/physik/komet-halley/

[14] Vgl. https://de.wikipedia.org/wiki/Edmond_Halley

[15] 380 n. Chr. wurde das trinitarische Christentum von Kaiser Theodosius I. zur Staatsreligion erklärt.

[16] Kommentar von uns Autorinnen: Angesichts der ›Möglichkeiten‹ von Hass-Kommentaren im Netz, Verbreitung von Bildern sexualisierter Gewalt an Kindern, Computer-Hacking, digitalen Diebstählen und Banküberfällen, Erpressungen, Drogen- und Waffenverkauf, Sabotage der digitalen Infrastruktur von Firmen, Branchen und Ländern sowie digitaler Wahlbeeinflussung u.a.m. wäre dies nur dann ein schwacher Trost, wenn diese Möglichkeiten tatsächlichen körperlichen Missbrauch, gewalttätige Auseinandersetzungen und Kriege ersetzen und nicht etwa nur ergänzen oder gar provozieren würden – rein menschlich gesehen.

[17] Inzwischen werden damit im Bereich der Mikrowellentechnologie erste Erfolge verzeichnet.

[18] Vgl.: https://de.wikipedia.org/wiki/Nikola_Tesla und vgl.: Geo Epoche Nr. 105, S. 116 ff.

Kapitel 8

[1] David Hilbert: Mathematische Probleme. In: Nachrichten von der Königlichen Gesellschaft der Wissenschaften zu Göttingen. Mathematisch-Physikalische Klasse. S. 253–297, in: https://de.wikipedia.org/wiki/David_Hilbert

[2] Wir bitten um Verständnis, diese und andere Aspekte der Kernforschung hier nicht vertiefen zu können, und verweisen auf bspw. Tobias Hürter: *Das Zeitalter der Unschärfe – Die glänzenden und dunklen Jahre der Physik 1895-1945.*

[3] Siehe zur Quantenmechanik bspw. Brian Greene: Der Stoff, aus dem der Kosmos ist.

[4] Niels Henrik David Bohr, Nobelpreisträger und berühmter dänischer Physiker. Er entwickelte die Vorstellung von Elektronenbahnen oder -schalen um den Atomkern, was u. a. den Aufbau des Periodensystems erklärt.

[5] Vgl. https://de.wikipedia.org/wiki/Werner_Heisenberg

[6] 1:137 – Das Verhältnis der Bahngeschwindigkeit des Elektrons im Grundzustand des Bohrschen Wasserstoffatoms zur Lichtgeschwindigkeit im Vakuum, nach Arnold Sommerfeld. (Vgl. https://de.wikipedia.org/wiki/Feinstrukturkonstante)

[7] Vgl. https://de.wikipedia.org/wiki/Wolfgang_Pauli

[8] Wolfgang Pauli in: C.A.Meier (Hrsg.): *Ein Briefwechsel 1932–1958*. Springer Verlag, Berlin 1992, in: Ernst Peter Fischer: *Brücken zum Kosmos*. S. 117

[9] Ein Schatz. Bitte lesen: R.P. Feynman: *Sie belieben wohl zu scherzen, Mr. Feynman!*

[10] Pierre Curie, der mit 46 Jahren unter ein Pferdefuhrwerk geriet und an den Folgen dieses Unfalls starb, war es nicht, nach ihm haben wir bereits gefragt!

[11] Vgl. https://de.wikipedia.org/wiki/Roger_Penrose, vgl. auch: Sir Roger Penrose (Hrsg.): *Consciousness and the Universe*.

Literaturverzeichnis

Delbrück, Max: *Wahrheit und Wirklichkeit – Über die Evolution des Erkennens.* Rasch und Röhring (Hamburg 1986)

Dürr, Hans-Peter (Hrsg.): *Physik und Transzendenz.* Driediger (Georgsmarienhütte 2012)

Feynman, Richard P.: *Sie belieben wohl zu scherzen, Mr. Feynman! – Abenteuer eines neugierigen Physikers.* Piper (München 2018)

Fischer, Ernst Peter: *Brücken zum Kosmos – Wolfgang Pauli zwischen Kernphysik und Weltharmonie.* Libelle (Konstanz 2004)

Fischer, Ernst Peter: *Das große Buch der Physik.* Delphin (Köln)

Fischer, Ernst Peter: *Die andere Bildung – Was man von den Naturwissenschaften wissen sollte.* Ullstein (München 2004)

Fischer, Ernst Peter: *Die Stunde der Physiker – Einstein, Bohr, Heisenberg und das Innerste der Welt.* C.H.Beck (München 2022)

Fischer, Ernst Peter: *Wenn das Wissen nicht mehr reicht – Berühmte Wissenschaftler und ihre Suche nach Gott.* Komplett-Media GmbH (München 2017)

Garsoffky, Susanne und Sembach, Britta: *Die Kümmerfalle. Kinder, Ehe, Pflege, Rente – Wie die Politik Frauen seit Jahrzehnten verrät.* Deutsche Verlagsanstalt in der Penguin Random House Verlagsgruppe GmbH (München 2022)

Hands, John: *Cosmo Sapiens – Die Naturgeschichte des Menschen von der Entstehung des Universums bis heute.* Pantheon (München 2018)

Hasselmann, Varda; Schmolke, Frank: *Archetypen der Seele – Eine Anleitung zur Erkundung der Seelenmatrix.* Goldmann (München 2010)

Hasselmann, Varda; Schmolke, Frank: *Die Seelenfamilie – Sinn und Struktur seelischer Beziehungen.* Arkana (München 2001)

Hasselmann, Varda; Schmolke, Frank: *Junge Seelen Alte Seelen – Die große Inkarnationsreise des Menschen.* Arkana (München 2016)

Hasselmann, Varda; Schmolke, Frank: *Weisheit der Seele – Trancebotschaften über den Sinn der Existenz.* Arkana (München 1995)

Hirsch, Eike Christian: *Der berühmte Herr Leibniz – Eine Biographie.* C.H.Beck (München 2017)

Hürter, Tobias: *Das Zeitalter der Unschärfe – Die glänzenden und die dunklen Jahre der Physik 1895–1945.* Klett-Cotta (Stuttgart 2021)

Kerckhoff, Annette: *Heilende Frauen – Ärztinnen, Apothekerinnen, Krankenschwestern, Hebammen und Pionierinnen der Naturheilkunde.* Elisabeth Sandmann Verlag (München 2010)

Laguna de la Vera, Rafael; Ramge, Thomas: *Sprunginnovation – Wie wir mit Wissenschaft und Technik die Welt wieder in Balance bekommen.* Econ (Berlin 2021)

Leibniz, Gottfried Wilhelm: *Monadologie und andere metaphysische Schriften.* Philosophische Bibliothek, Band 537. Felix Meiner Verlag (Hamburg 2002)

Lesch, Harald; Kamphauen, Klaus: *Denkt mit! – Wie uns Wissenschaft in Krisenzeiten helfen kann.* Penguin (München 2021)

Liske, Michael-Thomas: *Gottfried Wilhelm Leibniz.* Beck'sche Reihe 555 Denker. C.H.Beck (München 2000)

Padova, Thomas de: *Das Weltgeheimnis – Kepler, Galilei und die Vermessung des Himmels.* Piper (München 2010)

Penrose, Sir Roger: *Consciousness and the Universe – Quantum Physics, Evolution, Brain & Mind.* Cosmology Science Publishers (Cambridge 2017)

Pfeiffer, Eva Maria; Menge, Marion: *Erde Mensch Zukunft! – Eine seelische Quelle erklärt, warum das Beste noch vor uns liegt.* EchnAton Verlag (Ramerberg 2024)

Simonyi, Károly: *Kulturgeschichte der Physik – Von den Anfängen bis heute.* Verlag Harri Deutsch (Frankfurt am Main 2004)

Westphal, Wilhelm (Hrsg.): *Wolfgang Pauli – Aufsätze und Vorträge über Physik und Erkenntnistheorie.* DIE WISSENSCHAFT Sammlung von Einzeldarstellungen aus allen Gebieten der Naturwissenschaft, Band 115, Friedr. Vieweg & Sohn (Braunschweig 1961)

Wikipedia, alle Entnahmen überprüft am 15.4.2022